大学生心理健康

李俊晓　裴秀芳　侯雪薇　隋玲　杨倩胜辉 ◎ 编著

同济大学 出版社
TONGJI UNIVERSITY PRESS
·上海·

内容简介

本书通过分析大学生心理发展的特点和需求,阐述了大学生应具备的心理卫生理念、态度和方法。同时,书中还探讨了大学生在成长过程中可能遇到的心理问题,并提供了相应的调适方法。全书共十一章,分别为身心特点与心理健康教育、自我意识与人格发展、入学适应与生涯规划、学习心理、情绪管理、人际交往、恋爱与性心理、压力管理与挫折应对、网络心理、心理问题与心理异常以及心理保健与生命教育。

本书既可作为高等院校学生心理健康教育课程教材及大学生和青年朋友的自学参考书,也可供高校辅导员、班主任及其他学科教师和家长参考。

图书在版编目(CIP)数据

大学生心理健康 / 李俊晓等编著. —上海:同济大学出版社,2024.7. — ISBN 978-7-5765-1274-8

Ⅰ.G444

中国国家版本馆 CIP 数据核字第 2024VB4991 号

大学生心理健康

李俊晓　裴秀芳　侯雪薇　隋　玲　杨倩胜辉　**编著**

责任编辑　任学敏　　**助理编辑**　竺奕辰　　**责任校对**　徐春莲　　**封面设计**　渲彩轩

出版发行	同济大学出版社　www.tongjipress.com.cn (地址:上海市四平路1239号　邮编:200092　电话:021-65985622)
经　销	全国各地新华书店
制　作	上海三联读者服务合作公司
印　刷	常熟市大宏印刷有限公司
开　本	787mm×1092mm　1/16
印　张	9.25
字　数	231 000
版　次	2024 年 7 月第 1 版
印　次	2025 年 6 月第 2 次印刷
书　号	ISBN 978-7-5765-1274-8
定　价	42.00 元

本书若有印装质量问题,请向本社发行部调换　　版权所有　侵权必究

前　言

心理健康是个体健康的重要组成部分,关系个体及家庭的幸福及社会和谐发展。加强心理健康教育是保证高校学生身心健康的重要内容,贯彻落实《中华人民共和国精神卫生法》《高等学校学生心理健康教育指导纲要》《中国教育现代化2035》《国务院关于实施健康中国行动的意见》,是高校人才培养体系的重要组成部分,是提升学生心理健康素养的重要举措。

为深入学习贯彻习近平新时代中国特色社会主义思想,全面贯彻落实党的二十大精神和党的教育方针,近几年来全国高校结合实际情况把心理健康教育课程纳入学校整体教学计划,把大学生心理健康教育课作为一门公共必修课。但是我们也应该看到,我国高校学生心理健康现状仍不容乐观,提高学生心理健康水平,唤醒学生关爱自我与他人,引导学生养成自尊自信、理性平和、积极向上的健康心态,是高校心理健康教育工作者义不容辞的责任。

本书是一本面向高校学生的应用型教材,是由多位在大学长期从事心理健康教育和心理咨询工作的教师精心编写的,旨在突出大学生身心发展的可塑性,达到学以致用的目的。全书主要围绕大学生的身心特点与心理健康教育、自我意识与人格发展、入学适应与生涯规划、学习心理、情绪管理、人际交往、恋爱与性心理、压力管理与挫折应对、网络心理、心理问题与心理异常以及心理保健与生命教育展开阐述。本书以学生为中心,理论与实践并重,既注重理论知识的系统性、可读性,又兼顾实际应用的可操作性、体验性;注重提升学生的阅读兴趣和求知欲,引导学生探索自我、关爱自我,激发其潜能,进一步引导他们提高助人与自助能力,并为心理健康教育工作者提供有价值的参考。本书立足于我国高校学生心理健康现状,在高校学生心理健康教育方面进行探索,既可作为高校学生心理健康教育课程教材及大学生和青年朋友的自学参考书,也可供高校辅导员、班主任以及其他学科教师和家长参考。

本书由厦门大学教育研究院博士研究生、山西应用科技学院副教授李俊晓负责梳理编写思路,山西应用科技学院侯雪薇和隋玲、山西省教育科学研究院裴秀芳、中国人民解放军陆军炮兵防空兵学院杨倩胜辉共同参与编著。全书共十一章,具体分工如下:李俊晓负责编写第一章、第二章、第三章,裴秀芳负责编写第四章、第十一章,侯雪薇负责编写第五章、第六章、第七章,杨倩胜辉负责编写第八章,隋玲负责编写第九章、第十章,李俊晓负责统稿。本书由山西省高等学校人文社会科学重点研究基地项目"突发公共卫生事件下应用型高校的应对策略研究"(20200140)、"山西省应用型高校'双师型'教师队伍建设研究"(20210113)和山西省哲学社会科学规划课题"疫情常态化防控下应用型高校学生心理健康研究"(2021YJ082)资助。

本书在编写过程中参阅了国内外专家学者的研究成果和文献资料,在此表示衷心感谢!本书的编写是对大学生心理健康教育的探索过程,需要不断接受实践的检验并加以修正。由于编著者水平有限,书中难免有疏漏之处,望广大读者多提宝贵意见,以便再版时的更正和改进。

编著者
2024 年 5 月

目 录

前 言

第一章 身心特点与心理健康教育
第一节 身心特点 ··· 1
第二节 心理健康问题及成因 ··· 7
第三节 心理健康教育 ·· 17

第二章 自我意识与人格发展
第一节 自我意识概述 ·· 21
第二节 自我意识的发展 ··· 23
第三节 人格发展 ··· 34

第三章 入学适应与生涯规划
第一节 入学适应问题 ·· 41
第二节 大学生心理适应能力与职业生涯规划 ·························· 44

第四章 学习心理
第一节 学习心理解析 ·· 54
第二节 学习心理调适 ·· 63

第五章 情绪管理
第一节 情绪与大学生心理健康 ··· 70
第二节 情绪困扰及调节 ··· 72
第三节 情商及其培养策略 ·· 76

第六章 人际交往
第一节 人际交往的特点及人际冲突 ······································· 80
第二节 同学关系 ··· 87
第三节 亲子关系 ··· 94

第七章 恋爱与性心理

  第一节 恋爱心理 …………………………………………………………… 100

  第二节 性心理 ……………………………………………………………… 102

  第三节 恋爱与性心理健康 ………………………………………………… 105

第八章 压力管理与挫折应对

  第一节 压力与挫折 ………………………………………………………… 109

  第二节 逆商的培养 ………………………………………………………… 118

第九章 网络心理

  第一节 网络心理概述 ……………………………………………………… 120

  第二节 网络成瘾及其防治 ………………………………………………… 122

第十章 心理问题与心理异常

  第一节 心理问题 …………………………………………………………… 126

  第二节 心理异常 …………………………………………………………… 129

第十一章 心理保健与生命教育

  第一节 心理保健 …………………………………………………………… 131

  第二节 生命教育 …………………………………………………………… 135

参考文献 ……………………………………………………………………………… 140

第一章
身心特点与心理教育

第一节 身心特点

心理学家卡尔·荣格提出:"一切的财富和成就都源于杰出的智慧和健康的心理。"大学生正处于人生发展的关键期,身心健康不仅关系到大学生的学业,而且关系到大学生的健康成长和人格完善。众所周知,身体健康是心理健康的基础和载体,心理健康又是身体健康的条件和保证。身体健康与心理健康对于一个健康的个体同样重要。

一、生理特点

了解大学生的生理特点,注重大学生的青春期教育,对于培养德智体美劳全面发展的社会主义现代化事业的建设者和接班人,具有重要的意义。

大学生处于青春期向成熟期过渡阶段,生理机能也处于发育、定型的关键阶段,这一阶段是一个人智力发展的"黄金时代",也是人一生中最宝贵的阶段。在这个阶段,个体的身高、体重增长,身体各项指标达到或接近成人标准,个人的力量、精力、耐力都达到了顶峰,而且感觉能力、运动能力也处于发展的高峰期。在该阶段,心理活动比较复杂,身心变化较大,大学生的生理机能与器官逐步发育成熟,主要表现在以下四个方面。

(一)体格逐步发育

大学时期是身体发育的关键时期,体重、胸围、肩宽、髋骨宽度增长幅度较大,身体各部分比例趋于正常、匀称。大学生体格发育速度非常快,主要表现为体重和身高增长,身体形态初步接近成人水平。大学生的身体发育也会对其心理产生影响。比如:有的男生因身高不高而内心焦虑,感觉身高与"男子汉"特质有很大关系;有的女生因身体肥胖、不那么漂亮,而不愿意与人交往。大学生自卑、忧愁、烦闷的消极心理状态导致自我接纳程度较低,影响正常的人际交往、学习与生活。还有个别学生因先天身体缺陷或有慢性病,自理能力较差,对自己否定和怀疑,自我接纳程度较低,依赖性较强,同时受到身边重要的人(如家中父母、兄弟姐妹,学校中的教师、同学)对其过分的照顾或厌恶嫌弃、冷嘲热讽,这都会对这些学生的心理产生不良影响。

（二）内脏机能显著增强

大学生的体内器官组织和器官机能逐步成熟，脉搏随年龄的增长而逐次下降，18～19岁时趋于稳定，肺泡面积和容量增大，肺呼吸变得深而缓，胃部容量增大，胃液分泌活跃，肌肉的蠕动力增加，食欲增大，消化力增强。

大学生内脏机能显著增强，主要表现在肺活量的增加以及心脏容量和动脉血管口径的比例加大。对于绝大多数大学生来说，心脏系统可以承受各项激烈的体育锻炼活动。大学生的生理机能已健全，体力迅速增加，有旺盛充沛的精力，对于体育、娱乐活动等表现出强烈的好奇心和探索欲。大学生通过参加活动，在展示能力的同时还可以释放多余的身体能量，运动中大脑分泌的兴奋激素多巴胺有助于缓解不良情绪。

（三）神经系统发育成熟

神经系统是控制全身功能的系统。神经系统活动增强，使大学生的兴奋程度增强。经过训练，大学生在观察力、记忆力、逻辑思维能力等方面都得以加强。

大学生神经系统逐步趋于健全，主要表现为脑部神经纤维的长度在增加，厚度也在加大。女大学生在20岁左右、男大学生在20～24岁时，脑部的质量最大。大学生的大脑皮层细胞的活动量迅速增加，脑部的联络神经纤维使大脑在信息接收、信息传递、信息综合方面的能力获得极大提高，并趋于成熟水平。神经系统的健全为大学生思维的高度发展提供了物质基础。大学生的智力水平明显提高，记忆功能显著增强，抽象思维飞速发展，分析综合能力也在明显提高，为大学生学习专业知识、掌握各项技能提供了强有力的支持。

（四）性机能日趋成熟

青春期的到来标志着性成熟的开始，进入青春期后，性成熟引起身体外部的一些生理变化。男生主要表现为喉结突出，声音变得粗而低沉，开始长出胡须、腋毛等；女生的身体展现出明显的线条美，声调变高，皮下脂肪沉积，体态丰盈，这些变化意味着生殖器官的成熟。在这个时期，大学生开始对异性产生好奇、爱慕的情感，并渴望关注和吸引异性，寻求自己理想的伴侣，建立深厚的感情。

大学生体内各类激素分泌活跃，生殖器官发育成熟，性功能逐步增强，性意识明显增强。但是，由于性激素分泌旺盛，而大脑皮层的调节功能无法完全平衡激素水平，这种不一致的状态在很大程度上会影响大学生的情绪，可表现为烦躁易怒、情绪失控、行为冲动等。

二、心理特点

随着大学生的心理成熟，他们渴望独立自主，极力摆脱成人对他们的约束和干涉。同时，大学生体验到自己精力充沛、思维敏捷、有创新意识，渴望丰富多彩的校园文化生活，关心新闻时政，渴望与异性交往，等等。但由于大学生心智的成熟落后于生理的成熟，他们既有积极的追求，同时又有内心的烦恼，主要表现为自我意识的矛盾，应加以合理引导。

（一）智力发展特征

智力是认知能力的一种综合表现。智力的核心要素是观察力、记忆力、想象力和思维力。大学生的智力飞速发展，处于发展的黄金时期。

1. 观察力的特点

观察力是一种有目的、有计划、持续时间较长的觉知能力，观察力主要体现在观察的目的性和自觉性、观察的准确性和深刻性、观察的坚持性和敏锐性等方面。

(1) 目的性、自觉性增强

大学生由被动学习转为主动学习，自主性、积极性增强，他们开始自觉地、有意识地去探索与自己学习和生活密切相关的周边世界，这有助于增强观察的目的性和自觉性。同时，由于他们通过系统的专业学习和学以致用的实践活动，逐渐形成对本专业的认知结构，在分析解决专业相关问题方面更加专业化，观察事物的目的性和自觉性增强。

(2) 准确性、深刻性提高

大学生在学习、实践、实习的过程中，观察的准确性、深刻性提高，通过更充分地把握细节，区分主次，减少观察误差。

(3) 坚持性、敏锐性提升

大学生在观察复杂事物或者在集中注意力观察事物时，能够保持较长时间的专注和耐心。大学生能根据观察活动的需要进行持久观察，善于捕捉、觉察不易被发现或容易疏忽的细节和关键点。

2. 记忆力的特点

记忆力是大脑储备知识、积累经验的能力，主要包括记忆的敏捷性、持久性、准确性。一般来说，大学时期是个体记忆力最佳的时期，主要有以下特点。

(1) 意义记忆发挥主要作用

个体的意义记忆是在成长发展、学习和生活实践中发展起来的。大学生在学习、掌握专业知识的同时，善于对所学知识进行分析、综合、演绎、推理，运用系统观把握其内在联系，有助于意义记忆能力提高。

(2) 记忆的敏捷性迅速增强

记忆的敏捷性是指一个人在记忆材料时的速度快慢。具有较高记忆敏捷性的人，能够迅速而有效地记住新的信息。大学生的注意力发展到较高水平，主要表现为注意的范围拓宽，注意的稳定性增强以及注意分配能力不断提高。注意力是大学生进行认识活动，提高学习实践效率的首要保障，有助于增强大学生记忆的敏捷性。

(3) 记忆的持久性和准确性显著提高

持久性和准确性作为记忆的重要品质，对大学生掌握知识技能、积累实践经验意义重大。持久性主要体现在记忆时间长久，准确性主要体现在记忆内容的精确程度。具有高度记忆准确性的人，记忆信息时出现的偏差或错误较少。

3. 想象力的特点

想象力是指个体对表象进行加工改造，创造出新形象的能力，主要表现在想象的主动性、丰富性、鲜明性和新颖性这四个方面。想象力是非常活跃的，就像是给智力插上了翅膀。大学生的想象力主要表现出以下特点。

(1) 社会性

大学生开始更多地关注社会问题和现象，思考也会涉及社会层面的各种情境和解决方案，具有一定的社会责任感。

(2) 目标导向性

大学生对未来有更明确的规划和目标，其思想往往会围绕这些目标展开，为实现个人的理想和职业发展进行想象和构思。

（3）丰富性

随着多年的知识积累和生活阅历的增加，大学生的思维更加活跃，能够想象出丰富多样的场景、形象和情节。

（4）创新性

大学生因知识的积累，辩证思维、批判思维的发展，以及受学术氛围、创新理念的影响，更倾向于创造出新颖独特的想象内容，试图突破传统的思维模式。

4. 思维力的特点

思维力是指人脑借助语言对客观事物的本质及其规律进行间接、概括反映的能力，也可以理解为以概念、判断、推理的形式解决问题的能力。思维力的特点主要包括独立性、广阔性、深刻性、灵活性、逻辑性、创造性。大学生思维力发展主要有如下特点。

（1）抽象思维逐步发展，逻辑思维和辩证思维主导

个体的思维发展通常要经历由直觉行动思维向具体形象思维再向抽象逻辑思维的转变，经历由低级到高级、由具体到抽象的发展过程。在个体12～16岁时，抽象逻辑思维发展迅速，开始显示优势，但这时候的思维大部分还属于"经验型"，需要具体、直观而感性的经验支持；在个体16～18岁时，抽象逻辑思维从经验型向理论型急剧转化，这时候辩证思维开始形成，个体已掌握了较多的抽象概念、原理、法则；进入大学后，随着知识经验的快速积累，大学生的抽象概括能力也在不断发展，在专业学习方面需要掌握更多、更抽象的概念、原理、法则等，并学以致用，来解决现实中所遇到的问题。当遇到问题时，大学生更喜欢进行多维度、多层次的分析与认识，以此来揭示事物的内在本质特征。大学生的抽象逻辑思维进一步地迅速发展，在这时，理论型逻辑思维与辩证逻辑思维逐步占主导地位，但大学生的抽象逻辑思维能力尚未成熟，还需进一步发展。

（2）创造性思维明显发展

创造性思维是一种具有开创意义的思维，即开拓人类认识领域、开创人类认识成果的思维。大学生在储备更多的知识、积累更多的经验的基础上，心理逐步趋于成熟，他们的思维能力、想象力也在逐步发展，创造性思维发展迅速。

（3）独立性思维和批判性思维进一步增强

大学生的学习活动由被动逐步转化为主动，学习过程由依赖教师逐步向自主探索转化，他们的理论型逻辑思维发展的同时，独立性思维和批判性思维也在进一步增强。大学生在看待周边的人和事物时善于用批判的眼光，对人和事物进行质疑和辩论，敢于大胆提出自己的主见。

（4）思维力的广阔性、深刻性显著提高

随着大学生的知识不断积累，生活经验日趋丰富，他们的视野也逐渐开阔，对问题的思考范围逐步扩大，主要包括所学专业知识、社会热点、个人发展、职业规划等方面的问题。他们在思考探究问题时，力求探索、揭示事物的本质和规律。可见，大学生思维力的广阔性、深刻性显著提高。

（二）情感发展特征

情感是指因客观事物符合或不符合人的需要而产生的态度体验，是人脑对客观事物与人的需要之间关系的反映。情感具有动力功能（指情感对人的行为活动具有驱动作用）、调节功能（指情感对人的认知过程具有调节作用）、迁移功能（指个体对他人的情感会迁移到与他人有

关的对象)、信号功能(指个体通过言语或非言语信息进行信息传递)等。情感在大学生的心理发展中意义重大。情感不仅影响大学生的认识活动,还影响大学生的意志和行为活动,对大学生的个性和心理的形成与发展影响重大。大学生的情感发展特征主要有以下四个方面。

1. 情绪、情感多样化,两极性明显

情绪、情感的两极性是指情绪与情感的基本表现形式是对立的,即肯定与否定、积极与消极、紧张与轻松、强与弱等。但在一定条件下,对立两极的情感是可以相互转化的。

青年期是情感体验最丰富的阶段,各种情绪时常相互交织在一起,形成大学生丰富而复杂的情感世界。在这个阶段,大学生易兴奋、易激动,他们的情绪、情感体验强烈而深刻,常常出现"疾风骤雨"式的激情状态。大学生的这种激情状态具有双重性:从积极方面看,他们热情高涨,有豪情壮志,敢闯敢拼,这是他们迈向成功的巨大动力,如为真理、为正义而奋不顾身的行为;从消极方面看,他们易冲动、不能保持沉着冷静,做事情欠考虑,有时因为一点小事就暴跳如雷、大动干戈,甚至出现不理智的行为。

由于大学生辩证逻辑思维尚处于发展阶段,考虑问题不周全,对待问题容易走极端,也由于大学生的情绪、情感容易受到诸如学习成绩好坏、师生关系是否和谐、与同学交往是否顺利、社会就业前景是否乐观等各种因素的影响而出现波动,他们常常会因一时的成功(如考试全部通过或获得表扬奖励等)心情愉悦、兴奋不已;也会因受到挫折(如考试成绩不合格或被别人质疑误解)而心情沮丧、烦恼郁闷,有时还会因突如其来的事情导致情绪起伏不定。

但从整体来看,大学生在学习、生活、人际交往过程中,知识经验日益丰富,对自身情绪、情感的调控能力逐渐增强。同时,大学生的情绪具有掩饰性,有时他们的内心体验与外部表现不一致,甚至完全相反。比如:有的学生因考试挂科,心里很难过,但却装出无所谓的样子;有的学生没听懂教师讲解的内容,却装出已明白的神情。

2. 渴望理解,珍视友谊

友谊为大学生的情感生活增添色彩,为大学生提供前进的动力。随着大学生自我意识的发展,他们在学习、生活等方面需要自己去面对、处理各种问题,在遇到困难时,需要向他人倾诉、求助。他们希望与同学建立相互理解、相互信任的关系,有强烈的交往动机,渴望真正的友谊,希望有志同道合的朋友;在朋友需要时,能够为朋友分担喜怒哀乐。

大学生择友的标准比较多样化。大学生主要把对方拥有良好的品德和优秀的才能作为主要择友标准。但是,也有少数大学生误把"讲究哥们儿义气""为朋友两肋插刀"作为择友标准;还有的大学生把友谊建立在吃喝玩乐上。

3. 渴望爱情逐渐成为大学生情感发展的重要特点

真挚的爱情有利于大学生人格的完善。伴随着大学生身体的成熟以及性意识的觉醒,渴望爱情成为大学生情感发展的重要特点。如果能把爱情和个人未来发展相统一,大学生的学习、生活、个人发展就可能会因此而获益。但也存在一些不健康的恋爱观,比如:有的大学生考虑到即将毕业而急于谈恋爱;有的大学生出于从众心理而匆匆恋爱;也有的大学生感觉内心空虚无聊,希望通过谈恋爱获得情感慰藉;还有的大学生感觉不谈恋爱会被人瞧不起;等等。

大学生要树立正确的恋爱观,提升伦理道德与性道德修养。

4. 道德感、理智感、美感日趋成熟稳定

大学生的道德感、理智感和美感日益完善并逐步成熟稳定,逐渐内化为大学生个性特征的重要部分。大学生的道德感逐步深化,符合社会规范、道德准则的道德感逐步形成。大学生在道德感方面主要体现为：热爱祖国、关心人民，有高度的社会使命感和责任感；期望拥有平等、互助、友爱、和谐、融洽的人际关系，憎恨社会上的不良风气；颂扬助人为乐、无私奉献的道德楷模；珍惜国家、集体荣誉；维护和平、弘扬正义。

大学生的理智感主要体现为：兴趣浓厚稳定；对社会现象、自然环境和自我认知的探索成为一种自觉的追求和向往；有强烈的求知欲、探索欲，有时会因为一个观点或事件各抒己见，也会因苦思冥想一道难题不得其解而倍感苦恼。在大学生众多的需要中，求知需要占据首位，这种强烈的求知需要有助于大学生理智感的高度发展。

大学生的美感主要体现为大学生的审美意识、审美观和审美情感日益丰富深刻。他们对美有着敏锐的感受，不论是对自然美、社会环境美、文化艺术美，还是人格高尚美，都有强烈的需求、执着的信念与追求。

大学生渴望拥有良好、和谐的社会风气；期待人与人之间的真挚友谊，并不断从认知、情绪、情感、意志、行为等方面加强个人修养，追求人格完善。

（三）自我意识发展特征

自我意识是指个体对自己身心状态的觉察和认识。自我意识主要由自我认识、自我体验和自我控制三部分组成。自我认识属于自我意识的认知成分，是指个体对自身、自身与周围世界关系的认识，主要包括自我感觉、自我观察、自我观念、自我分析和自我评价等。自我认识是自我体验和自我控制的前提，代表着自我意识的发展水平。自我体验属于自我意识的情感成分，它主要指一个人对待自己的态度，自我体验主要包括自我感受、自尊心、自爱、自豪、自卑、责任感和义务感等。自我控制是自我意识的意志成分，也叫自我调节，主要指个体调节对自己的态度和行为、调节自己对他人的态度和行为。自我控制体现了自我意识的主观能动性，主要包括自我监督、自我激励和自我规划等。自我意识在个体发展中占重要地位，它是个性结构的核心部分，是个性形成发展的前提和基础。个体的兴趣爱好、能力特长、性格特征、情绪情感、意志行为和道德评判受自我意识的影响和制约。

大学生的认识逐渐深化，情绪情感日益丰富，自我意识逐步增强。大学生的自我意识主要有以下特点。

1. 自我意识逐步稳定，但尚未成熟

大学生的自我意识发展水平较高，自我认识、自我体验、自我控制比较协调、统一。但大学生的自我意识还不成熟、不完善。

2. 自我认识积极，自我评价能力逐步提高

大学生了解自我的愿望更加强烈，同时，他们还经常与周围的同龄人比较。大学生自我评价能力也在逐步提高，而且自我评价的独立性和客观性较强，能辨证性地评价自我，对于自己的诸多方面有较为清晰的认识，但自我评价能力发展存在差异。

3. 自我体验日益深刻，自尊心增强

大学生自我体验日益深刻，既有接纳自己的肯定的、积极的体验，也有否定自己的消极体验。但从总体来看，大学生的自我体验是积极的、健康向上的。大学生的自我体验与其个性品质、集体荣誉感、个人前途紧密相连。

自尊心是一种良好的心理品质，是个体希望得到他人的尊重，获得荣誉感、社会地位的自我意识。自尊心与自信心、社会责任感、集体荣誉感密切相关，有助于个体形成积极向上的心理品质。大学生自尊心和好胜心较强，有强烈的自我保护意识，对于涉及自尊的人或者事物比

较敏感。若大学生不能如愿,则极易产生强烈的情绪反应。

4. 自我完善的愿望强烈

在大学生活中,大学生需要合理规划作息,自主学习,安排生活,遇到问题自己解决,这有助于提高大学生的自我控制能力。大学生把自己定位为祖国的未来、人民的希望,他们迫切期望独立自主,独立思考,有发言权,有分析问题、解决问题的能力,他们希望解决学习、生活、恋爱、人际交往等方面的问题,喜欢与同龄人探讨问题、交流思想情感,反对他人过多干涉。

第二节 心理健康问题及成因

著名作家、学者、翻译家、语言学家林语堂先生曾说:"健康是生命之泉源,失却了健康,则生趣索然,效率锐减,生命成为黑暗、惨愁,一切失却兴趣与热忱。能够有着一副健全的身体,健全的精神,而在此两者之间,存在着一个美满的平衡,这真是一种莫大幸福啊!"

一、心理健康问题

20世纪末,80多位诺贝尔奖获得者齐聚纽约,讨论"21世纪人类最重要的是什么"这一问题。对于此问题,这些人类精英、智慧之星的共同结论是健康。

俄罗斯有个关于健康的谚语:"一切好事都是0,唯独健康是1。"有人用"1 000 000 000"来比喻人的一生,其中"1"代表健康,各个"0"代表生命中的事业、金钱、地位、权力、快乐、家庭、爱情、房子……这些"0"充斥着人们的生活,而"1"常常被忽略。但是,如果"1"没有了,我们还会有什么?

(一)健康新概念

在过去,人们普遍认为健康就是身体没有疾病。20世纪初,《简明不列颠百科全书》将健康定义为"没有疾病和营养不良以及虚弱状态"。随着社会的发展,人们对健康的概念有了进一步认识,在关注身体健康的同时,对心理健康的重视程度也与日俱增,逐步确立了身心统一的健康理念。

1989年,联合国世界卫生组织对健康的定义作了进一步阐述,指出:"健康不仅是躯体没有疾病,还要具备心理健康、社会适应良好和有道德。"我们从这个定义中可以看到,健康包括身体健康、心理健康、社会适应良好和道德健康。健康所包含的这四个方面是相互依存、相互促进、有机结合的。

健康是人类的基本权利和幸福的源泉。随着社会经济和文化的发展,人们对健康的关注日益递增,大学生的心理健康问题逐渐成为社会关注的焦点。

【拓展阅读】

世界卫生组织关于健康的论述

世界卫生组织提出衡量健康与否的十项标准:

精力充沛,能从容不迫地应付日常生活和工作;

乐观积极,乐于承担责任,不挑剔;

善于休息,睡眠良好;

应变能力强,能适应各种环境变化;

不易生病,对感冒和一般的传染病有一定抵抗力;

体重适当,体重保持在较为合理的范围内,不过胖或过瘦;

眼睛明亮,无炎症;

牙齿清洁,无缺损,无龋齿,不疼痛;

头发有光泽,无头屑或头屑较少;

皮肤、肌肉有弹性,走路轻松有力。

(二)心理健康的判断

一般而言,心理健康包括广义和狭义两个方面。广义的心理健康是指个体的一种高效的、持续的、满意的心理状态。狭义的心理健康是指没有心理障碍或心理疾病,个体的基本心理活动过程和心理结构完整、协调一致。

心理健康的概念包含两个层面。一是无心理疾病,即个体的心理处于正常状态下,认知正常、情感协调、意志健全、个性完整和适应性良好,无心理疾病是心理健康的最基本条件。二是有积极发展的心理状态。要从积极的、预防的角度出发,保护和促进个体的心理健康,消除一切不健康的心理倾向,充分发挥身心潜能。

(三)心理健康的要素

心理健康的要素包括智力正常、关系协调、情绪积极、人格完善等,心理健康各要素之间密切联系。个体心理健康最基础的是智力正常,关键是关系协调,表现为情绪积极,最终要达到人格完善,如图1-1所示。

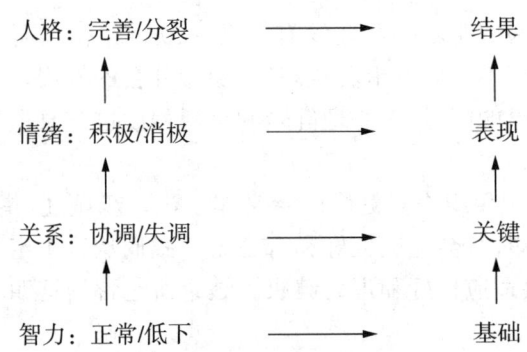

图1-1 心理健康的要素

(资料来源:伍新春.心理健康教育概论[M].北京:北京大学医学出版社,2006.)

心理健康关键要素包括四种关系:与自己的关系,即主我与客我之间的关系,主要包括自我认知、自我接纳、自我完善等方面;人际关系,即个体与家人、朋友、同伴、同事等的关系;人与事的关系,即个体与学习、工作、休闲等活动的关系;人与物的关系,即个体与物质(金钱)、科技(工具)、环境(自然)、社会(政治)等的关系。在这四种关系中,人与自己的关系是核心。

（四）心理健康的标准

1. 智力水平正常

智力主要以思维能力为核心，是各种认识能力和操作能力的总和，是个体心理健康的重要前提和基础。正常的智力水平能够为人们的生活、学习、工作提供保障。一般认为，智商≥130分属于智力超常，智商在90～129分属于智力正常；智商在70～89分属于智力偏低；智商＜70分属于智力落后。智力落后的人较难适应学习和社会生活。

2. 自我意识明确

自我意识明确是个体心理健康的衡量标准，由自我了解、自我接纳、自我完善三部分组成。自我了解即"人贵有自知之明"，也就是个体对自己有较为客观而合理的评价，既包括了解自己的优点，也包括了解自己的缺点，还包括了解自己的人格、情绪、情感、兴趣等方面，并合理安排自己的学习与生活。如果个体对自我比较了解，那么个体可在生活目标的制定、对自我的期待等方面结合实际情况而定。如果个体没有很好地了解自我，那么确立的目标可能超越现实，导致产生自卑、自责等消极心理，容易引发心理危机。心理健康的人不仅能够了解自我、接纳自我，还可以发掘自己的潜能，自我肯定；同时，也能悦纳自己的不足，当处于困境时，通过自我安慰、自我激励等方法走出困境。了解自我、接纳自我是自我调整、自我完善的前提条件。

3. 人际关系和谐

人际关系和谐主要是指在人际交往中，人与人之间相互接纳、相互尊重；真诚待人、有同理心；助人为乐，以国家利益、集体利益为重。

和谐的人际关系特征如下：第一，了解他人、理解他人，心理健康的人能客观而全面地了解他人，包括他人的个性特质、情绪情感、兴趣爱好、意志品质，既能看到并学习他人的优点，也能善意地指出他人的不足，以便改进；第二，乐于接纳他人，也愿意被他人接纳，心理健康的人乐观豁达、态度积极、善良友爱、诚实守信、尊重包容，拥有良好的人际关系。

4. 乐于生活、享受生活

心理健康的人能努力学习、认真工作、享受生活，他们能较好地平衡生活与学习、生活与工作，也懂得享受学习与工作中的获得感和休闲生活中的放松感。在学习与工作中，他们善于激发自身的智慧和潜能而获得成就；同时，也能体验到满足感，因此他们通常热爱工作与学习，乐此不疲，陶醉其中。心理不健康的人有较多的疑虑，担心失败，忧心忡忡，注意力容易分散，导致工作效率较低，也不能享受生活。

5. 社会适应良好

心理健康的人使自己的思想、信念和行动能跟上时代发展的步伐，与社会的发展进步协调一致。他们能理性对待物质或金钱，辩证看待现代高科技发展给人类带来的影响，他们珍惜、爱护自然资源，能够较好地适应社会制度。如果自己的认识和行动与社会的发展产生了矛盾，他们能及时调整、修正或放弃自己的认识和行动，顺历史潮流而行，而不是逃避现实、悲观失望，或妄自尊大、一意孤行，逆历史潮流而动。

6. 乐观向上

乐观向上是一种积极的心理状态。乐观向上状态的人，对一切充满信心和希望，热爱生活，往往能充满希望、满怀信心地看待生活中的事情，在一般情况下，总能保持满足的、愉悦的心情。即使遇到困难和挫折，他们也能保持积极、乐观的心态去面对。他们总能看到事情美好的一面，待人接物充满活力与热情，善于从日常生活中发现美好与幸运，而且这种乐观向上的、积极的情绪还可以感染和影响身边的人。

判断一个人心理健康与否,并不是看是否产生了消极情绪,而是看消极情绪持续的时间,以及对个体的影响。心理健康的人以积极的情绪为主导,当面对失败、疾病或死亡时,他们也有焦虑、悲伤、忧愁等消极情绪,但随着时间的推移或事情的解决,他们能缓解消极情绪。

7. 意志健全

意志健全是衡量心理健康的标准之一,行动具有自觉性、果断性、坚韧性和自制性是意志健全的重要标志。行动的自觉性是指个体能主动地支配自己的行动,使其符合设定的目标,而不是盲目冲动或优柔寡断。行动的果断性是指个体能迅速且合理地作出决定,并执行决定,善于把握时机,不犹豫徘徊。行动的坚韧性是指个体在行动中能克服困难,坚持不懈,不屈不挠,有恒心和毅力。行动的自制性是指个体能有效地控制和调节自己的情绪和行为,约束自己的言行,抑制冲动,抵制诱惑。

8. 人格完整统一

人格是指个体在行为、情感和认知等方面独特的模式,人格具有相对稳定性。人格主要包括气质(胆汁质、多血质、黏液质、抑郁质等)、性格(开朗、内向、勇敢、谨慎等)。人格的各种特征是有机联系的统一体,对个体的行为进行调控。如果人格的各个成分之间协调统一,那么个体的心理就健康;如果人格的各个成分之间关系失调,就会产生人格分裂,有不正常的言行。双重人格或多重人格就是人格分裂的表现。

9. 身心和谐一致

心理年龄特征指在一定的社会和教育条件下,个体在不同年龄阶段所形成的一般的、典型的、本质的心理特征。一个人的心理过程随着年龄的增长而变化和发展。个体的身心和谐一致主要是指个体的心理过程符合其相应的年龄特征。如果个体的认知、情感、意志等心理过程表现与其年龄特征相符合,则说明个体心理健康;如果个体的认知、情感、意志等心理过程表现与其相应的年龄特征严重偏离(如心理发展超前或滞后),则说明个体心理不健康。

(五)判断心理健康的"三原则"

一般来说,判断心理正常或异常必须依据三项基本原则。第一,主观世界与客观世界的统一性原则,即一个人的心理活动或行为与客观环境保持一致,如果出现幻觉、妄想等,就违背了这一原则。比如:某大学生喜欢想象,经常憧憬未来,属正常现象,但如果现实情境中并不存在某一事物而个体自述看到了、听到了或嗅到了,说明已经产生了幻觉(幻视、幻听、幻嗅等),这是心理异常的表现。第二,心理活动的内在协调一致性原则,即一个人的认知、情感、意志等心理过程是协调一致的,若出现矛盾、冲突等,则可能意味着有心理问题。比如:一个人对令人愉快的事情表现出冷漠的反应,对使人痛苦的事情却表现出愉快的反应,这就是心理异常的表现。第三,人格的相对稳定性原则。人格是一个人在长期生活中形成的独特的个性心理特征,具有相对稳定性。如果一个人在外部环境没有发生巨大变化的情况下,产生与以往明显不同的表现,就应考虑其心理是否出现异常。

(六)心理健康的意义

从宏观方面来看,当代大学生正处在一个不断变化的时代,国际局势复杂多变,国内改革深入开展,社会生活节奏加快,竞争日趋激烈,人际关系日益复杂,价值观念更加多元化,影响、威胁人们心理健康的因素越来越多;从微观方面来看,大学时代是个体心理上的"断乳期",是由依赖他人向独立自主全面过渡发展的阶段。因此,心理健康对于大学生来说具有重要意义。

1. 心理健康有利于大学生全面发展

具备健康心理是大学生全面发展的基本要求,也是大学生将来走向社会,积极从事社会活动和不断向更高层次发展的重要条件。大学生要充分认识德、智、体、美、劳全方面的和谐发展,是以健康的心理品质为基础的。一个人的心理健康状态直接影响和制约着个体的全面发展。

2. 心理健康可以使大学生克服依赖心理,增强独立性

大学生进入了一个全新的生活阶段,由靠父母转向靠自己。上大学后,学习、生活的环境以及人际交往等方面有很大变化,心理健康有助于大学生尽快克服依赖心理,增强独立性,尽快地适应大学生活。

3. 心理健康是大学生取得事业成功的坚实心理基础

大学生就业需通过面试的双向选择、企业择优录用等步骤。面对新形势,大学生要保持心理健康,培养自立、自强、自律的良好心理品质,锻炼社会交往能力,勇于面对困难和挫折,追求更完美的人格,为将来的事业成功奠定坚实的心理基础。

【拓展阅读】

维护健康心理

1. 学会乐观

如果将好事解释成永远的、普遍的,即是乐观。比如:路边开满了带刺的玫瑰花,有两个人同时路过这里。第一个人感慨万千,叹了口气:"天呐!花中有刺。"第二个人却眼睛一亮:"不!应该说刺中有花。"第一个人悲观,眼中只有消极的事物;第二个人从消极中发现积极的一面,真正发现了美好的真谛。快乐是一种选择,你想选择快乐,就能找到快乐的地方。即使遇到最糟糕的事情,乐观的人也可以从中找到值得庆幸的一面。对一个悲观的人来说,即使事情再好,他也只会"瞄准"事情不好的一面。所以说,什么样的态度,决定什么样的人生。

如果不去清除混乱的杂念,烦恼就会在心田里滋生。怨恨是由生气产生的。有人说,生气是拿别人的错误来惩罚自己。凡事都能想开的人,往往不会受"生气"的罪。如果能像《不气歌》所唱的那样,"你要气我,我不气,生气正中你的计;气出病来无人替,不气,不气,真不气",心中的怨恨就会烟消云散。学会乐观,能减少烦恼和怨恨。

疾病使人痛苦,有些疾病的产生在某种程度上来说是由不健康的心理导致的,如癌症。有关专家认为,"癌性格"是使癌基因从"癌"到"症"的催化剂,不良情绪是癌细胞最有效的"营养液"。癌症的发生多与环境因素、个人经历的内心冲突以及性格特征有关,"癌性格"有可能引发身体癌症,身体癌症反过来又加重"癌性格"。那么,什么是"癌性格"呢?心理学家将其归结为:孤僻、抑郁、多愁善感、好生闷气、冷漠、心胸狭窄、常钻牛角尖、怨天尤人、报复心强、易躁易怒、忍耐力差等。如果能经常与人为善,养成乐观、豁达的性格,就能降低患癌的风险。

2. 学会放弃

人有许多责任和欲望。如果没有这些,人生就会变得无意义。可总背负着它们,一样也舍弃不了,有可能会非常累。

生活原本非常淳朴、简单。学会舍弃自己不需要的东西,学会保持一颗简单和明朗的心,也可以走得很沉稳。有些人正因为不懂得舍弃,才会有很多纠结无解的痛苦,甚至深深地陷于

无法自拔的困境。当人能懂得舍弃的艺术和智慧时，就会豁然开朗，生活就会马上展现出另外一种截然不同的景致。

电影《流浪地球》告诉我们，有时为换取更大的社会利益，确实需要舍弃一些个人利益。电影《卧虎藏龙》里也有一句话："当你紧握双手，里面什么也没有；当你打开双手，世界就在你手中。"很多时候我们应该懂得舍弃，生活中鱼和熊掌能兼得的情况毕竟很少，每一次的放弃是为了下一次的得到。紧握双手，肯定什么也抓不住，打开双手，至少还能迎接希望。

勇于放弃者精明，乐于放弃者聪明，善于放弃者高明。要学会放弃，就要放弃心中所有难言的负荷，放弃耗费精力的争吵，放弃没完没了的解释，放弃对权力的角逐，放弃对金钱的贪欲，放弃对虚名的争夺，放弃烦恼，摆脱纠缠，使整个身心沉浸到轻松悠闲的宁静中去。

3. 学会通达

《易经》中有两句话："自强不息"，指人有蓬勃的生命力、永远努力、永不停息，体现了儒家所倡导的执着进取的精神，即为"达"；"厚德载物"，其意为胸怀广大，不拘泥于一种倾向，喻人之自由包容，正可谓道家所弘扬的开阔思想，即为"通"。

通达是大学生摆脱困境，获得健康人格的方法，通达的境界使大学生不受历史、环境的羁绊，不受烦恼的局限而客观地认识自己与世界的关系，做到自然地表达自己，充分地发挥能力，保持信心和勇气。

二、大学生常见的心理健康问题及成因

（一）适应问题

1. 大学生不适应的主要表现

刚入学大学生的不适应主要表现在语言、生活习惯、学习、人际关系以及怀旧情绪的困扰等方面。一方面由于地域差异，大学生不习惯气候、饮食习惯甚至语言上的不同；另一方面，由原来依赖父母的家庭生活过渡到相对自立的集体生活，生活环境和生活方式的巨大转变，会使大学生遇到很多困难或感到不适应。大学生容易产生孤独感，因而会有思念亲人、怀念中学同学等现象，并可能由此产生各种烦恼，出现焦虑、抑郁、敌对、低落的情绪，严重者会影响心理健康。另外，一些大学生表现出不良的生活习惯，如经常睡懒觉、熬夜、沉迷于网络等，大部分时间都浪费在消遣活动中，对学习逐渐失去了兴趣。有些大学生几乎淡忘了在大学里还能做很多更有意义的事情。

2. 大学生不适应的主要原因

（1）生活环境变化

大学生进入一个全新的环境，缺少父母的照顾，生活能力和经验相对不足，逐渐表现出各种生活适应问题。比如：有些大学生独立生活能力弱，难以合理安排自己的学习和生活，习惯于求助他人；还有些大学生缺少集体生活经验，进入大学后，居住在相对狭小的空间，环境拥挤而又相对开放，作息和卫生习惯等的不合都会引发大学生的生活适应问题。另外，进入大学之后，许多家长一次性将一学期生活费打入银行卡，许多学生由于计划不当，理财经验不足，导致变成"月光族"；还有些学生为了满足虚荣心理，穿名牌、经常请客吃饭，过度消费，导致出现挪用学费、网络贷款等行为。

（2）学习环境变化

学习是大学生的主要任务，也是大学生活的重要组成部分。新生进入大学校园后，能明显感受到大学学习和高中学习的不同：大学学习时间更为自由、学习方式更加灵活、学习场所不再固定等。还有些大学生对大学生活有不切实际的想法，认为上了大学后就可以轻松，不再需要学习，但现实是许多专业课程难度较大，需要认真学习。这些差异都会导致大学生难以适应大学生活。

（3）人际交往环境的变化

良好的人际交往关系对大学生身心健康、生存发展和成长成才都非常重要。在中学阶段，学习是生活的最主要内容，学生的人际关系较为简单，交往范围仅局限在父母、同班同学等空间距离较近的人群中，以直接交往为主。在进入大学后，大学生与父母和教师的交往距离产生了变化，大学生的交往对象更多地转向同龄人，交往群体更加广泛，将更多的同辈群体和其他社会角色群体纳入交往群体；在交往方式上，大学生常通过网络等与他人进行交往，在网络上表达自己的情感、思想等；在交往内容上，表现形式多种多样，如兴趣爱好、体育活动、旅行、游戏等都成为建立友谊的桥梁，人际交往变得更加方便快捷。但有些大学生会因为人际交往环境的变化而不适应，无法建立良好的人际关系。

【拓展阅读】

新生适应问题

小刘，女，18岁，大一艺术系学生，来到大学校园两个多月，自述难以适应大学生活，心中非常迷茫，非常伤感。小刘远离父母亲人，远离熟悉的朋友，与新同学没有共同语言，感觉很孤独，经常抱着书本，穿梭于教学楼之间，独自品味着生活的喜怒哀乐，日子过得平淡乏味。从小县城到大城市，从充满温暖关爱的小家庭到校园的大家庭，她感觉不能很快适应。打饭、洗澡要排队，衣服要自己洗，生活用品要自己买，一切都要自己打理……她感觉自己忙乱、无头绪，每天给家里打电话诉说自己的不快。

小刘遇到的问题在大学新生中具有一定的普遍性。进入大学校园后，面对新的生活与学习环境，面对新同学与老师，所有的一切都需要大学生自己面对，入学不适应属于正常现象。新生要正确认识自己的长处与不足，树立自信心，要有迎难而上的勇气，努力发挥自己的优势，展现自己的潜能，不能因为眼前遇到困难就退缩回避。

对于自己能够解决的问题，要自己勇敢面对与解决。对于自己无法解决的问题，要确立目标，制订计划，慢慢弥补自己的不足，不苛求自己；要容许自己犯错误，学会放松心情，调整心态，避免急于求成；同时，也不要用逃避或故作清高来掩饰自己的缺点，要学着与周边的人交往，遇到问题积极求助。同样，当周边的人需要帮助时，也要主动伸出援助之手，使自己尽快融入新的集体，适应新的生活与学习环境。

（二）学业问题

1. 学习动力缺乏

进入大学后，部分新生会产生松懈心理。从紧张的高中阶段进入学习时间相对自由的大学，一些学生认为考研和就业离自己较远，不再设立学习目标，因此容易受到外界因素的影响，或忙于社团活动,或沉溺于网络游戏,出现盲从和厌学现象,导致学习动力不强。有些学生听信"平时不用学,考试突击即可""60分足够,61分多余"的想法,对大学学习敷衍应付,提不起兴趣,对于学习的目的也不再探索。

2. 专业不适合

有些家长和学生在社会舆论和某些宣传的影响下,不顾学生自身的条件,不考虑社会需要,热衷于追潮流、赶浪头,竞相报考热门专业。还有父母不顾子女的实际情况和兴趣所在,强迫子女按家长的意愿选择专业。这造成学生所学专业与自己的兴趣特长不符,学生不喜欢所学专业,力不从心,厌倦学习,最后只得高喊"60分万岁";还有个别学生由于学习进度跟不上,成绩差,不得不中途退学。

3. 学习疲劳

学习疲劳是学习过程中常见的现象,学生学习效率下降,并伴有渴望停下来休息的生理和心理现象。当学生长时间进行高强度学习或持续专注于学习任务时,可能会出现学习疲劳。心理疲劳一般是指由于长期从事心智活动,大脑得不到休息而引起的注意力涣散、思维迟钝、情绪躁动、忧郁烦恼、学习效率降低等现象。心理疲劳是学习疲劳的主要表现方式。

学习疲劳是一种保护性抑制,通常情况下,经过适当的休息即可恢复,但是经常产生过度的学习疲劳,会让大学生对学习产生厌恶和烦躁情绪,学习效率大大降低。造成学习疲劳的原因主要有:对学习活动缺乏兴趣;学习时间过长,不注意劳逸结合;学习内容难度较大;睡眠时间长期不足;等等。

4. 考试焦虑

考试焦虑是大学生较常有的情绪表现,是指由于担心考试失败或渴望获得更好的分数而产生的一种紧张、不安、担忧的心理状态。通过不同程度的情绪反应所表现出来的心理障碍或行为困扰,是一种情境化的特质焦虑,同时伴随生理和行为变化。考试焦虑障碍是一种较为严重的心理障碍。当考试焦虑严重影响到个体的学习、生活、社会功能,且持续时间较长,难以自我调整或缓解时,就可能发展为考试焦虑障碍。考试焦虑者可能会出现极度的恐惧、心慌、手抖、呼吸困难等身体和心理症状,甚至对考试产生强烈的逃避心理。

考试焦虑对个体的神经系统、心脑血管、消化系统、呼吸系统以及内分泌系统均会产生影响,使个体对疾病的抵抗能力下降,体质下降,这些对个体的身心健康造成潜在的威胁。从行为表现来看,考试焦虑者情绪变得不稳定,自制力下降,社会适应能力下降。大学生出现考试焦虑主要有三方面的原因:①担心考试不及格,要面对重修甚至退学的问题;②担心考试分数较低,影响到助学金的领取和评优等;③等级考试证书与毕业证和学位证挂钩,增大学习压力。过于严重的焦虑会让部分学生因考试时的不良反应而得不到理想的考试成绩,不理想的成绩又会增加个体的考试焦虑,陷入恶性循环,考试焦虑愈加严重。

(三)情绪问题

1. 情绪反应过度

大学生处于特定的生理发展期,自制能力较弱,遇事容易冲动,当控制情绪的中枢神经过于活跃时,会严重影响大脑的认知活动(如分析、推理、判断等),认知范围狭窄,难以正确评价自己的行为,引发不良后果。有的学生无所顾忌,情绪失控,甚至出现违反道德、法律的行为。情绪激烈的大学生如果有过分激进的行为,极易给自身、他人和社会造成危害。

(1) 愤怒

愤怒是指个体因他人或外界事物不能满足自己内心需要而产生的一种消极情绪反应。主要表现为气愤、恼怒、不满、暴怒、狂怒等。有的人以自我为中心,对他人缺乏理解、包容,稍微不满意就难以控制情绪,恶语伤人,甚至大打出手,造成难以控制的后果,不但破坏同学关系,也影响自己的身心健康。

(2) 过度焦虑

焦虑是一种常见的消极情绪体验,通常表现为对未来的担忧、不安、紧张、恐惧等。过度焦虑会给人带来很大的困扰和不适。过度焦虑可能会使人长时间处于高度紧张和痛苦之中,严重影响日常生活、工作和学习。过度焦虑者常预感一些可怕的、不可控制的威胁即将来临,内心感到惶恐不安,容易激动,情绪波动较大。在行为上表现为坐立不安,惶惶不可终日。经常处于过度焦虑的人,可能有强烈的身体不适(如头晕、失眠、肠胃不适、饮食乏味等),或伴有躯体化症状(如心悸、出汗、四肢发凉等)。大学生最常见的焦虑是考试焦虑,在重大考试面前尤为明显。

(3) 过度应激

当大学生遭遇突发性的、具有威胁性的负面应激源时,易引发社会群体惊恐不安,从而影响社会的和谐稳定。由短期压力处理不当带来的不良应激反应最为常见,主要为面对新的环境及人际关系的复杂情境、学业方面的压力、不良的生活方式及个性发展过程中的困惑时的应激反应。在这样的应激状态下,大学生的心理状况极容易出现负向改变,可能会产生紧张、焦虑、恐惧、悲观、烦躁、抑郁等不良心理,并可能引发一些生理反应,导致学生的身心健康遭受威胁。

2. 情绪反应不足

(1) 抑郁

抑郁是指自我体验为忧愁、伤感,主要表现为注意力难以集中、记忆力下降、思维迟钝、情绪低落、情感淡漠、精力减退、兴趣丧失、快感缺失、自我评价低、疲劳乏力、食欲减退或大增、睡眠缺乏或增加等。抑郁会导致大学生生活能力下降、学习能力降低、学习效率下降;感觉生活中毫无乐趣,没有明确目标,对任何事物都缺乏热情;不想与人交往;饮食、睡眠受影响;严重者有自我伤害倾向。

(2) 冷漠

冷漠是指个体对人、对事物漠不关心的消极情绪。有冷漠情绪的大学生在行为上的主要表现有:对生活缺乏兴趣和热情;学习无精打采;对周边的人冷漠无情;对集体活动漠不关心。冷漠是个体在面对周边环境和现实情况时自我逃避的心理反应,它会导致个体退缩、萎靡不振、自我封闭,并严重影响身心健康。

3. 负性情绪的隐匿性

大学生的许多负性情绪有时以隐匿的状态存在,一时难以被直接察觉。这种负性情绪往往隐藏于潜意识层面,一旦转化为显性情绪,其强度很大。负性情绪的隐匿性是指个体运用惯常的应对方式无法处理所面临困境,并且因人为或非人为的因素,个体外化的生理、情绪、认知、行为等反应被隐藏起来,不易被人识别。隐匿性抑郁症是指把抑郁症状"隐藏"起来,常常以躯体不适为主要表现,是一种不易被人发现的抑郁症。部分大学生抗压能力弱,这种隐匿的负性情绪如果得不到解决,容易转化成慢性状态,并在相当长的时间内潜伏,一旦遇到特定刺激事件时,就会转化成显性情绪,往往会引发伤害自己或他人身心健康的极端危险性行为,并且产生的后果会无法预料。

(四) 人际关系问题

1. 不敢交往

进入大学以后,因为现实条件和个人的心理发展需求都发生了变化,所以大学生的交往范围和对象也发生了很大的变化。大学生与父母、教师的物理距离明显增加,相处的时间明显缩短,人际交往更多是在同龄人之间进行,交往对象由以前的亲人、朋辈转向更广泛的社会群体。有些大学生虽然有强烈的与同学交往的愿望,希望自己能够有些知心朋友,但是个性、家庭背景、生活环境等多方面的因素往往使得一些大学生缺乏交往的勇气和信心。这些大学生总是担心自己在交往中不会被别人接纳,因此他们往往在人际交往中处于被动地位,不能主动与同学交流自己的想法、分享自己的快乐。甚至有一些大学生对人际交往存在一定的恐惧心理和不同程度的焦虑。与同学、教师缺乏正常交往,给这些大学生的学习和生活带来了很多烦恼。

2. 不愿交往

有些大学生由于成长环境的影响,表现为自高自大、孤芳自赏,瞧不起别人,很少顾及他人的感受,也缺乏与别人合作的精神。他们通常以自我为中心,对周围的人和事从不关心。还有的大学生,由于自卑、害羞、多疑、敏感等多方面的原因,从小就不善言辞、封闭自我,总觉得与人交往是比较麻烦或困难的事情,缺乏人与人之间必要的信任与理解,总希望一个人独来独往。人与人之间只有相互帮助、相互支持,才能让生活变得更美好。不愿意与人交往和相处的学生势必会在身心健康以及个人生活方面遇到问题。

3. 不善交往

人际交往是一门学问,也是一门艺术。有些大学生愿意与其他人交往,希望多一些朋友,但是由于缺乏必要的人际交往技巧和方法,往往事与愿违。在与其他人交往时,有些大学生不是过于生硬、刻板、木讷,无法建立起与别人的良好关系,就是不注意沟通的技巧、方法和原则,显得过于热情,甚至不注意时间和场合乱开玩笑,对别人不够尊重。这些表现导致他们虽然有与人交往的美好愿望,但是往往无法收获长久的友谊。

(五) 恋爱问题

1. 恋爱动机错误

恋爱动机是指恋爱的内部动力,由恋爱需求引发,直接指向恋爱对象。大学生的恋爱动机明显具有多元化特点,常见的恋爱动机包括精神寄托、攀比心理、随大流的从众心理、丰富恋爱经历等。错误的恋爱动机会给双方带来不良影响。大学生错误的恋爱动机大致可分为空虚恋、虚荣恋、轻率恋三种。有一部分大学生出于生理和心理的需要、从众心理及孤独的原因盲目恋爱;还有的大学生把恋爱当成时尚,看到周围的一些同学有了异性朋友,就为了显示自己的魅力,把恋爱看成人生游戏,不能认真对待;还有的大学生有"单身就是怪物""没对象就是有心理缺陷"等想法,为了不使自己落伍,为了谈恋爱而谈恋爱。这些恋爱动机存在不严肃、不认真、功利化的倾向。

2. 不良的恋爱道德观

爱情是一种美好的情感,大学生恋爱应有良好的恋爱道德观。不良的恋爱道德观,不仅会玷污爱情的纯洁性,而且会影响恋爱双方的身心健康。大学生恋爱应该以爱情为基础,以高尚情趣、志同道合为恋爱动力,以互相促进、共同发展为目标。恋爱双方应真诚相待、忠贞专一,相互尊重、相互理解,信守承诺、勇于担责,发展健康的交往方式。然而,部分大学生恋爱态度随意,有的见异思迁;有的陷入"三角恋""多角恋",视爱情为儿戏,极不严肃;有的大学生只考虑自己而不尊重对方意愿。在分手后,有的大学生纠缠或报复对方;有的自我封闭、不思进取,甚至伤害自己或他人。这些都是不良恋爱道德观的表现。

3. 恋爱问题处理不当,引发恋爱挫折

恋爱挫折是指由于恋爱过程中受到压制和阻力而产生心理上的痛苦。恋爱挫折是大学生恋爱中比较常见的现象,表现为:失恋、单恋、恋爱纠葛等。大学生的心智尚未完全成熟,社会阅历尚浅,几乎没有挫折体验,在遇到恋爱挫折时,往往不知所措,导致情绪消极,给正常学习、生活带来了负面影响,更有甚者做出报复他人、自杀等过激行为。恋爱挫折会给大学生带来负面的情绪反应,包括自卑、焦虑、回避和报复等。

(六) 性教育问题

1. 性认知偏差

随着社会的发展、东西方文化的交融,当代大学生对"性"的认知偏差主要可以归为两类:一类是对"性"抱有排斥思想,认为"性"是下流的、可耻的、低级的,是难以启齿更无法面对的;另一类受到性自由、性解放思想的影响,过于强调性的生物性,认为在行为上可以放纵自己,随意轻率地与他人发生性关系。前者容易导致部分大学生不愿与异性交往,甚至出现烦躁、厌恶、焦虑等情绪,后者容易造成部分两性关系中存在安全隐患。

2. 性骚扰

性骚扰是危害大学生身心健康发展的一种社会现象,有些大学生对性骚扰尚缺乏正确的识别与应对能力。性骚扰是一种违背他人意愿的言语或行为,对大学生的学习、生活、身心健康产生不良影响。

大学生中性骚扰受害者多数是女生,最为常见的是恶意的性骚扰,即通过网络传递信息或在隐蔽场所散布性侵犯言论,或以其他方式制造具有威胁性、冒犯性、敌意的氛围。

性骚扰受害者可能出现安全感低、忧郁、害怕、情绪失控、孤立无助,以及强烈的恐惧等反应,甚至可能伴有头痛、饮食和睡眠问题等躯体症状。经历过性骚扰的女性常会怪罪自己,产生自我挫败感,自尊心较弱。

3. 性体相困扰

大学生会关注与自己性别相关的体形特征。个别大学生过于在意自己的外形特征,若被拒绝、被歧视或遇到恋爱挫折,再加上自身的自卑心理,很容易引起性心理方面严重适应不良的症状,极个别大学生甚至会有伤害自己的行为。

第三节 心理健康教育

一、关注自身心理健康

大学生在心理上还未达到完全成熟的水平,因而在认知方面带有片面性,情绪易冲动,自我调节和控制能力还不是很强。在遇到困难或挫折时,大学生容易产生焦虑或烦闷的心理,内心压抑紧张,出现身心问题,因此,大学生应该学习如何维护自身心理健康。

(一) 养成健康科学的生活方式

毛泽东说:"你们青年人朝气蓬勃,正在兴旺时期,好像早晨八、九点钟的太阳。希望寄托在你们身上。"大学生正值大好的青春年华,要养成健康的生活方式,合理规划作息时间,养成早睡早起的习惯,保证充足的睡眠时间;要合理膳食,吃好一日三餐,避免暴饮暴食;要劳逸结合,手脑并用;要学会时间管理,积极参加体育锻炼。养成健康科学的生活方式有助于维护心理健康。

(二) 培养良好的运动技能

在青年期,运动技能也会发生变化。就普通人而言,除了生物学方面的因素使运动技能变化外,个体的年龄、练习次数也是非常重要的影响因素。对优秀运动员的一项抽样调查研究发现,只要训练方法得当,并且不断强化,他们的竞技水平就能达到相应年龄的最大极限。

不论男女运动员,很多人的运动技能在20～35岁时达到巅峰(表1-1),然后逐步衰退。运动员在需要速度、爆发力、大运动协调的体育项目中(如游泳、短跑、跳远、中距离跑、网球),运动技能的巅峰年龄是20岁左右;在依靠耐力、手臂协调性和稳定性及瞄准类的体育项目中(如长跑、棒球、高尔夫球),运动技能的巅峰年龄通常在30岁左右。在45岁之后,运动技能的衰退速度会明显加快。

表1-1 一些运动技能的巅峰年龄(周岁)

运动技能	男性	女性
游泳	19	17
短跑	23	22
跳远	24	23
中距离跑、网球	24	24
长跑	27	27
棒球	28	—
高尔夫球	31	31

(资料来源:雷雳.发展心理学[M].北京:中国人民大学出版社,2009.)

随着年龄的增长,人体各项机能会逐渐衰退,运动技能也会受到影响。但是,个体通过适当的锻炼和训练,可以在一定程度上延缓运动技能的衰退,并保持较健康的身体状态。同时,保持乐观、积极的生活态度,培养良好的运动技能有助于维护心理健康。

(三) 进行身心保健,学会爱自己

大学生身体发育基本成熟,但还很欠缺生理卫生保健方面的知识;自我意识已经基本建立,但对心理健康方面的知识知之甚少。对于大学生来说,掌握生理卫生保健知识与心理健康知识是学会爱自己的前提。大学生应增强自己在身心保健方面的意识,通过自主学习与学校组织的讲座等多种途径了解常识,学会自我保护,学会自助与自救。

(四) 保持健康的情绪,做情绪的主人

大学生要保持健康的情绪,首先应了解自己的情绪,学会合理宣泄情绪,找适合自己倾诉内心感受的方法,既不压抑情绪,也不放纵情绪;要学会自我疏导或进行积极求助。

(五) 建立良好的人际关系,学会爱他人

大学生作为社会中的成员,与他人交往是必不可少的活动,而大学校园为大学生今后走向

社会、与人交往搭建了广阔的平台。大学生应该积极参加学校的实践、实习活动,根据自己的兴趣爱好,参加丰富多彩的社团活动;在活动中了解人与人之间的关系,学着如何更好地与人交往,体验友情,学会团队协作,感悟合作的快乐,增强自我归属感;通过活动学会与人分享,学会互帮互助,通过关心他人、理解他人,体悟自身的价值感与获得感,从而增加生活、学习的信心和力量。

保持心理健康不仅可以预防和减少心理疾病,而且可以让人充分发挥潜能,改善社会适应能力,使生命充满希望和活力,从而更有效地实现人生价值,最终拥有幸福的人生。

二、心理健康教育方法

(一)普及心理健康知识,提高心理保健意识

大学生的人生观、世界观、价值观基本形成,但还处于发展的过程中。大学生在环境适应、学习实践、人际交往、恋爱情感方面遇到问题或阻碍,或者遇到应激性事件,极易产生抑郁、焦虑、恐惧等心理问题。同时,大学生对心理健康的意识淡薄,缺乏心理调控能力。

因此,要进行心理健康教育,首先,要充分发挥心理健康专职和兼职教师的作用,使第一课堂和第二课堂有机结合,通过分级、分类开展心理健康教育课程和活动,组织班会,积极宣传普及大学生心理健康知识,提高大学生的心理认同感。其次,要借助多媒体平台,建立网络宣传模块,积极引用现实生活中的案例,帮助大学生提高心理方面的认知能力和辨别意识。

(二)重视心理测试,合理运用心理测试方法

心理测试经历了从无到有、从在国外起源到本土化应用的过程。从内容来看,心理测试主要有人格测试、心理健康测试等;从测试媒介来看,主要有语言文字类测试、非语言文字类测试;从测试规模来看,主要有个别测试、团体测试;从测试方法来看,主要有问卷式测试、作业式测试和投射性测试;从测试目的来看,主要有速度测试和难度测试;等等。

心理测试要根据个体的实际情况,在征求个人同意的前提下,采取与之相匹配的测试方法。在心理测试过程中,尽可能避免被试出现兴奋、忧虑、恐惧、疲劳等状态,否则会影响测试结果的准确性。要合理看待心理测试结果,在个体真实作答的情况下,心理测试结果在一定程度上只是个体心理健康状态的参考依据。要用辨证、发展的眼光来看待测试结果,避免依据一次或几次的测试结果,对个体的心理健康状况下结论。

(三)建立动态心理档案,开展心理援助

教师应围绕普查、排查数据结果为学生建立动态心理档案,实施三级"警示"援助,以人为本,充分发挥心理育人工作的作用。

"一级警示"援助主要帮扶有心理困扰及轻微心理障碍的学生。辅导员、班主任、心理健康教师在以下情况应进行心理帮扶:学生所学专业与个人兴趣矛盾、理想与现实矛盾、渴望理解与心理闭锁矛盾、独立性与依赖性矛盾、升学与就业矛盾,以及在环境适应、自我意识、学习心理、情绪情感、恋爱与性心理、人际关系等方面产生心理困扰。

"二级警示"援助主要帮扶有心理障碍的学生。辅导员、班主任、心理健康教师应重点关注学生在感知、思维、注意力、情绪、记忆、意志、行为等方面出现的偏离正常人群的心理问题与人格问题,重点开展心理咨询工作。

"三级警示"援助主要帮扶有心理疾病的学生。对于通过心理普查、心理排查,学院教师、同学反馈或心理咨询,发现有严重心理疾病(如抑郁症、焦虑症、强迫症、精神分裂症、人格异

常、被害妄想症等)的学生,需及时将其转介到专业心理医疗机构或精神病院,保护学生生命安全。

总之,个体的心理健康处于动态发展变化的过程中,不能以一次或几次测试结果就轻易定论。在尊重学生意愿的同时,要做好心理测试的保密工作,做到人文关怀。同时,心理测试具有两面性,心理健康工作者要扬长避短,发挥心理测试优势,分级、分类开展多渠道的心理援助服务,提升心理育人工作实效。

(四) 理性看待心理咨询,积极寻求帮助

心理咨询是大学生心理健康教育的重要途径。大学生对心理咨询的认识态度是心理咨询研究的重要内容之一。只有充分地认识和把握心理咨询对象(直接的和潜在的)的心理行为特点,尤其是其对心理咨询的态度和行为趋向,才能提高心理咨询的针对性和有效性。

目前,部分大学生对自身心理健康状况的主观感受是认为自己的心理不够健康,需要调整与改善。大多数大学生虽然对心理咨询持有积极肯定的态度,但在寻求心理咨询的行为上却是消极的、回避的,"知"与"行"相互矛盾,大学生对心理咨询表现出犹豫和徘徊的心理。相当多的大学生把心理咨询首先定位为帮助心理不健康者,对心理咨询的发展性能还认识不足。不少大学生对心理咨询的基本信息关注不够,学校、社会需要加大宣传与普及力度。

第二章
自我意识与人格发展

第一节　自我意识概述

一、自我意识的含义

自我意识是指个体对自己身心状态的认识，主要包括对自己的生理状况（如身高、体重、容貌等）、心理特征（如气质、性格、兴趣等）以及自己与他人的关系（如自己与周围人的相处和自己在集体中的位置与作用等）的认识。

我们在与周围世界打交道的时候，不仅会意识到周围的世界，而且也会意识到自己，即自我意识。自我意识的发展是人格形成和发展的重要条件。

"自我"是自我意识的核心，我们的一切行为都是自我的外在表现，如自我体验、自我认识、自我接纳、自我成长、自我控制……正是这些自我表现使我们每一个人都是独特的，能够清晰地认识自我、控制自我的人，也就掌握了自我的命运。

【知识链接】

罗森塔尔效应

1968年，美国心理学家罗森塔尔和雅各布森来到一所小学，进行了7项实验。他们从一至六年级各选了3个班，对这18个班的学生进行了"未来发展趋势测验"。之后，罗森塔尔以赞许的口吻将一份"最有发展前途者"的名单交给了校长和相关老师，并叮嘱他们务必要保密，以免影响实验的正确性。8个月后，罗森塔尔和助手们对那18个班级的学生进行复试，结果让人意外，因为凡是上了名单的学生，他们的成绩都有了较大的进步，而且性格更加活泼开朗，自信心强，求知欲旺盛，更乐于和别人打交道。罗森塔尔教授这才对他们的老师说，自己对这几个学生一点也不了解，这让老师们很是意外。实际上，名单上的学生就是随意挑选的，罗森塔尔撒了一个"权威性谎言"。

这就是著名的罗森塔尔效应，也称"皮格马利翁效应"或"期待效应"。

二、自我意识的类型

从不同维度来看自我意识,可以将其分为不同类型。

(一) 结构(形式)维度

自我认识是个体对自己的身心状况、能力、性格、兴趣、价值观等方面的认知和了解,如自我觉察、自我分析、自我评价等。

自我体验是个体对自己的情感体验,如自尊、自爱、自豪、自卑及自暴自弃等。

自我调控是个体对自己的意志的控制,如自我检查、自我监督、自我控制、自我调节等。

自我认识是基础,自我体验、自我调控产生于自我认识的基础之上。自我调控的结果又会不断修正、丰富自我认识。

(二) 内容维度

生理自我(1~3岁):自我意识在1~3岁呈现原始形态,即生理自我。1~3岁是自我意识发展的第一个飞跃期。

社会自我(3岁以后):自我意识发展到社会自我,已基本成熟。

心理自我(青春期开始):自我意识发展到心理自我,进入第二个飞跃期。

(三) 存在方式维度

现实自我是个体从自己的立场出发对自己当前总体实际状况的基本看法。

镜中自我又称"镜我",是指个体通过他人对自己的反馈或评价,从而形成对自我的认知。就像我们通过镜子看到自己的形象一样,我们从与他人的互动、他人的反馈中逐步了解自己的样子。

理想自我是个体想要达到的比较完美的形象。

【心理训练营】

我是一个怎样的人?

① 请拿出一张白纸,把纸纵向均匀地折叠成四部分。在纸最左侧那一列,依次竖着写下"身高""体重""外貌""性格"……最后在纸上留出一定的空白。

② 在白纸的上方从左至右写上:真实的我、理想的我、别人眼中的我。

③ 填上答案。

(注意:填写"理想的我"时,不必担忧是否可行,希望自己怎样就直接写出来。)

④ 分析"真实的我"和"理想的我"不相符合的地方有多少。有哪些是可以改变的? 有哪些是不可更改的? 对那些经过努力可以更改的,你将如何努力? 改变的代价你能否承担? 对那些不可改变的,今后能否真正坦然接纳?

⑤ 分析"真实的我"和"别人眼中的我"有多大差距。

三、自我意识的差异

(一) 自我意识水平存在年级差异

不同年级的大学生在自我发展方面存在明显差异,大学一、三、四年级的学生自我意识随年级升高而发展,大学二年级是自我意识最弱、内心矛盾冲突最尖锐、思想斗争最激烈、回顾与展望时间最多的时期,是大学生自我意识最不稳定的时期,但也是大学生自我意识发展的转折时期。

(二)自我意识的性别差异

通过对自我意识的调查研究发现,男女大学生在自我意识的某些方面存在显著差异。赖文龙在调查报告《大学生自我意识研究》中指出:女大学生在个性自我、道德自我、倾向自我方面的平均认知水平高于男大学生,男大学生在环境的社会自我意识方面的平均认知水平高于女大学生。男女大学生在虚拟自我和文化的社会自我方面存在非常显著的差异;在消极的个性自我和外在的倾向自我方面存在显著差异;在积极的个性自我、道德自我、内在的倾向自我和环境的社会自我方面没有显著差异。

第二节 自我意识发展

一、自我意识的发展阶段

大学生自我意识的发展既具有共性,又有独特性。大学时期是自我意识的形成期,个体的自我意识得到迅速的发展,自我同一性逐步确立,个体的人生观、价值观趋于稳固,开始客观地认识自我。

美国心理学家埃里克森提出了人生发展八阶段理论,见表 2-1。

表 2-1 人生发展八阶段

阶段	时期	表现
一	婴儿期(0~1.5岁)	基本信任/基本不信任
二	儿童期(1.5~3岁)	自主/害羞与怀疑
三	学龄初期(3~6岁)	主动/内疚
四	学龄期(6~12岁)	勤奋/自卑
五	青春期(12~18岁)	自我同一性/角色混乱
六	青年期(18~25岁)	亲密/孤独
七	成年期(25~65岁)	繁殖/停滞
八	成熟期(65岁以上)	自我整合/绝望悲观

青年期处于其中的第六阶段——亲密/孤独,这一阶段的主要任务是建立深厚的友谊,从另一个人那里获得爱和陪伴感,或共享自我认同,它反映在青年对于一个亲密的伴侣形成永久承诺的想法和感受中。这时候的孤独感或孤立感可能是由于无力建立友谊或亲密关系造成的,而从另一方面来讲,青年也需要适当的独处来反省自己的生活。

埃里克森认为,成年期是机遇与风险并存的,亲密关系的建立需要牺牲和妥协。个体在青年期刚刚形成坚实的自我,刚刚获得经济独立;但是,亲密关系却要求他们部分放弃自己的独立,重新界定自我,以纳入伴侣的价值观和兴趣。他们需要把自己的自我认同融入对方的自我认同。亲密关系既包括牺牲自己的需要以满足伴侣的需求,也包括性的亲密,在这一过程中双方都会获得快感,而不仅仅是考虑自己的满足。亲密感的获得得益于之前自我认同的获得,在亲密关系中对有意义的价值观和目标的承诺让青年为人际承诺做好了准备。

研究者概括分析自我与亲密状态之间的关系时指出,自我的发展有时先于亲密状态,但是,它们也可能齐头并进,相互强化。而且这一过程中存在着明显的性别差异,女性亲密状态出现得更早,女性亲密状态先于自我意识出现,或女性自我意识的发展过程与建立亲密关系的过程是相得益彰的,而男性的自我意识发展往往先于亲密状态的出现。

如果没有获得亲密感,青年就会面对消极后果——孤独和自私。这些青年可能是孤立的、疏离的,害怕与人建立关系,其原因可能是之前自我意识发展的失败。

二、自我意识发展的特点

处于自我意识发展关键期的大学生,其自我意识的发展也表现出新的特点。大学生自我意识各要素之间协调一致,有利于大学生自我意识的发展。

(一)自我认知发展的特点

大学生的自我认知具有主动性和深刻性。个体对自我的探索出现在人生早期阶段,如"我是一个什么样的人?""我为什么是这样的一个人?"但是,到了大学时期,大学生对自我的认知更加自觉主动,而且自我认知水平也在不断提高。他们经常有意无意地把自己与周围同龄人进行比较,或者模仿成功人士、英雄人物等,以此来认识自己、评价自己。大学生对自己的认知从外部特征转向自我性格、意志品质等内部特征。大学生对自身容貌、体形、学习生活的关注度明显下降,而对自身气质、性格、社会经济地位、能力才华以及性别等方面的关注度明显上升。

(二)自我体验发展的特点

1. 自我体验的敏感性

大学生在自我体验方面比较敏感,凡是关系到自己的事情都会引起他们的兴趣,并且他们会不断探索。大学生尤为关注自己在他人心目中的形象与地位,比较在意他人的评价。有时,还会因为别人的反馈而浮想联翩。

2. 自我体验的深刻性

伴随着由外部向内部的自我评价的发展,大学生的自我体验也逐步深刻。在初中阶段,个体自我的评价更多关注身高、容貌等外部身体特征,喜、怒、哀、乐等情绪体验也大多与外部身体特征评价有关。但到了大学阶段,个体的自我评价逐步转为关注内在特征,尤其倾向于社会性特征,个体更多地对道德品质、自我存在、社会价值、社会贡献等方面进行评价。

3. 自我体验的丰富性和波动性

大学生的情感体验深刻而丰富,既有积极的、肯定的体验(如接纳自己、对自己满意、喜悦或充满乐趣),也有消极的、否定的自我体验(如对自己不喜欢或对自己不满意、忧愁、郁闷、无聊),以及紧张与轻松、敏感与迟钝等体验。总的来看,大部分大学生的自我体验是健康的、积极的。

学者杨永明、王淑兰等曾列举了20对从正反两个方面来描写大学生情绪体验的词语(如热情—冷漠、自信—自卑、愉快—愁闷等),要求被试从中选出10个能够表达自己近半年来心情体验的词语。结果表明,大学生自我体验的基调为:热情、憧憬、自信、舒畅、紧张、急躁等。

男生自我体验集中在紧张、自信、热情、憧憬、急躁等方面;女生自我体验集中在自信、活力、热情、渴望成功、舒畅等方面,但更容易急躁、忧愁。

大学生的自我体验仍不稳定,比如:在取得理想成绩时,他们内心容易体验到积极、肯定的情感,甚至有骄傲自满等情绪,而在面对挫折困难时,他们内心容易产生消极、否定的情绪,有的甚至自暴自弃、悲观失望,但这都属于正常现象。我们应通过多种途径和方法使大学生理性认识自己,胜不骄、败不馁,积极挑战自我,不断丰富自我。

（三）自我调控发展的特点

1. 强烈的独立意向

大学生在经历了自我认识、自我体验之后,在内心初步建立了一个全新的自我,他们渴望效仿成年人的待人接物,也希望周边人把他们当成年人一样对待,具有强烈的独立意向。他们已初步具有独立思考问题、独立解决问题的能力,也尝试着拥有这样的权利。教师和家长需要多理解、多引导、多包容,当他们有叛逆情绪和行为时,应了解实际情况,多倾听他们内心的声音,多给予支持和帮扶,晓之以理、动之以情,这有助于大学生自我调控能力的提高。

2. 自我调控能力有待提高

大学生的自我调控能力比之前有较大提高,主要表现在自觉性、坚持性和自制性水平上,但与成年人相比,还有待进一步提高。大学生抵抗诱惑的能力还比较弱,因此在做事情时要"三思而后行"。

【案例分析】

我该怎么办?

王伟晨(化名),男,19岁,某高校一年级新生。他在上大学之前从未远离父母,感觉大学生活与高中生活相差太远,身边可倾诉的知心朋友没有几个。在一次宿舍聚会上,舍友曾当面指出他气量小,身上还有其他的缺点。对此,他倍感委屈,觉得被别人误会了。他自己分析原因,认为可能是平时自己有一些不当言行,是他自己不懂得表现而已。从此以后,他对人际交往感到不知所措,自己想做好却又做不好;对某女生有好感,却又不知如何表达;想加入学校社团活动,却又担心如果加入不了会被同学取笑。他经常感到好像迷失了自我,有时会反复自问:"我是谁?""为什么活着?""学习究竟有什么用?"因为离家远,他时常挂念家人,怀念中学时的生活,不愿长大,觉得长大就是在受折磨,总想象自己能和小孩子一样自由自在就好了。于是,他不自觉地表现出孩童的某些幼稚行为,这也逐渐成为同学们的笑料。

分析: 该生有入学后面对新环境而产生的适应问题,同时,表现出自我认同危机,不能很好地进行自我整合。主要原因是他不能独立生活,或者缺乏独立生活的准备;没有明确的理想目标和初期的学业生涯规划;缺乏有意识地解决问题的能力;缺少与周边同学交往的技巧,这些是大学生在人生发展阶段面对的发展主题和问题。该生产生自我认同危机可能与其早期生活经历有关,如父母的教养方式、遇到问题时解决的办法或经验等。建议该生多参加集体活动,通过各种途径认识自我,确立目标,制订计划,不断培养和锻炼自己,使自己尽快成熟起来。

三、自我意识的发展规律

大学时期是大学生自我意识稳步发展的阶段，自我认识、自我体验、自我调控逐步协调一致，大学生自我意识发展的基本规律表现为自我分化—自我矛盾—自我统一。

（一）大学生自我意识的分化

自我意识分化是大学生自我意识发展的开端，也是自我意识走向成熟的标志。大学生之前笼统的、完整的"我"被打破，出现了"主观我"和"客观我"、"理想自我"和"现实自我"，随着自我意识的分化，大学生开始主动而迅速地觉察自己的内心世界，关注自己的行为，对自我的每一个细微变化都有新的认识和体验。随着大学生自我反省能力的增强，对自我形象的认知更加丰富、更加完整、更加深刻，自我体验更加深刻持久，自我探索增多。大学生会经常思考关于自我的问题，如"我应该怎样做？""不应该怎么做？""能怎么做？""不能怎么做？"大学生渴望有自己的独立空间，希望得到关注与理解。

【案例分析】

两个"我"

杨宁（化名），男，21岁，大学四年级学生。他自述四年来，一方面努力完成学业，另一方面利用课余时间做一些兼职，成熟稳重，人际关系和谐。在大家心目中，他是一个活泼开朗、自信心强、风趣幽默、坚强执着、有独特想法的人。但他说这不是真实的他，他在心底藏着另一个胆小、懦弱、自卑的自我，他认为这才是真正的"我"，而那个外在的"我"不过是表面现象而已。他始终能感受到两个"我"的斗争，一个要求他自信坚强，一个认为他自卑懦弱。他觉得自己每天都在戴着面具生活，伪装得好累。外在的"我"只不过是个虚假的外罩，所以他总是被真正的"我"打击着，经常产生危机感和不安全感，担心这种不一致的状况。他越努力表现自己，就越有压力，总觉得外在的"我"和内在的"我"不能整合起来。

分析： 杨宁同学的这种情况属于大学生经常遇到的自我同一性的问题，即个人内部状态与外部环境协调一致的问题。建议加强培养正确认识和评价自己的能力，无论是外在"我"还是内在"我"，都是构成自我的一部分，要不断接纳自我，整合自我，既要看到自己优秀的一面，也不要贬低自己有缺点的一面，要通过实际行动提升内在的"我"，从而逐步形成自我同一性。

（二）自我意识的矛盾

自我意识的分化使大学生开始用全新的视角审视自己，同时，也意味着自我矛盾冲突（主观我与客观我、理想自我与现实自我）的加剧，这是大学生自我意识发展过程中的必然现象。虽然自我意识的矛盾可能让大学生感到不安、疑惑、困扰，甚至可能会影响他们的心理健康与发展，但是，它将会促使大学生努力探索、解决矛盾，达到自我意识的统一，推动自我意识向着成熟的方向发展。自我意识的矛盾主要有以下五种。

1. 主观我与客观我的矛盾

大学生处于文化和学术氛围浓郁的校园中，因此他们有较高的自我评价，往往存在一定的优越心理，对自己的需求、动机、价值观等方面的认知存在偏差。在高中生、大学生和成年人的自我意识中，大学生主观我与客观我之间的差距最大。

2. 理想自我与现实自我的矛盾

理想自我与现实自我总是有一定差距。如果差距过大,则有可能使大学生产生自我否定、自我怀疑,甚至引发心理问题。二者保持适当的差距有助于激发大学生的潜能。

3. 独立性与依赖性的矛盾

随着大学生心理与生理的成熟,他们渴望独立面对生活与学习中遇到的问题。但由于他们还缺乏社会阅历与经验,当他们遇到一些自己无法解决的问题时,又希望家人、老师和同学能替自己分忧;同时,在经济方面也需要家人的帮扶。大学生迫切希望独立,却又不可能完全摆脱家人、老师的支持和帮助。对于部分独生子女来说,独立性与依赖性的矛盾更加突出。

4. 理智与情感的冲突

大学生的情绪波动较大、易冲动,而且两极分化明显。随着身心的日趋成熟,认知水平的不断提高,大学生在遇到问题时,既想遵从自己内心的情绪与情感,又得顾及社会及他人的需求,保持理智。如当他们经历失恋这类感情挫折时,尽管从理智的角度能自我安慰,认识到分手意味着双方不适合了,但感情上却难以接受。

5. 渴望交往与心灵闭锁的矛盾

大学生渴望爱情与友谊;渴望与同龄人分享和交往,渴望寻找知心朋友;渴望自我价值得以实现;渴望周边人接纳认可自己。然而,他们有时又存在戒备、顾虑心理,将自己的心事深藏起来,有意无意地与周边人保持一定距离,不能敞开心扉与他人沟通交流。因此,他们内心常常感到孤单,感觉交往时不那么坦诚、自在。

(三) 自我意识的统一

自我意识的矛盾与冲突,常常会使大学生内心不安与痛苦,他们尝试着通过自我探索来摆脱这种不舒服的情绪体验,同时,大学生的自我意识也在自我探索中不断发展并达到统一。大学生自我意识的统一既有积极的、和谐的、有利于身心发展的统一,也有消极的、不和谐的、不利于身心发展的统一。

大学生自我意识统一的过程也是体现自我同一性的过程,即主观我与客观我的统一,理想自我与现实自我的统一,自我认知、自我体验和自我调控的统一。这种统一是在自评、他评(包括群体评价和评价他人)的过程中逐步完善的。

1. 积极自我的建立:自我肯定

自我肯定是指积极自我的建立。积极自我是个体在经历选择与自我调整之后,使理想自我与现实自我、主观我与客观我趋于统一,对自我的认识更加全面、更加客观、更加深刻。积极自我的建立有助于大学生认可自己的优势,而且了解自己的不足,明确哪些方面是通过努力可以达到的,哪些方面是无法改变的,从而进行自我发展。

2. 消极自我的建立:自我否定

自我否定是指消极自我的建立。消极自我意识包括两个类型:自我贬损型、自我夸大型。

自我贬损型的人由于自身失败与挫折的经历,对现实自我的评价较低,内心时常有无价值感,自我排斥、自我否定。他们内心自卑、不接纳自己,自我拒绝,甚至自我放弃,主要表现为缺少热情、随波逐流、生活无目标,缺乏进取的动力。

自我夸大型的人对自我评价非常高,但往往脱离客观现实,常常以理想自我代替现实自我,主要表现为缺乏理智、自我陶醉、虚荣心强、盲目自大、自吹自擂、防御意识强。

自我贬损型与自我夸大型的人的共同特点是对自我评估不正确、不合理,有一种不健康的自我意识,严重者可能会通过违反社会规范来谋求自我意识的统一。

四、自我意识偏差发展的类型

(一) 自卑

自卑是自我意识中带有自我否定倾向的情绪体验,即个体对自己的智力、能力等方面作出较低评价。自卑的大学生总是怀疑自己的能力,总觉得自己不如别人;心虚胆怯,不敢表现自己,不想与人交往,特别是不敢和异性交往;对现实自我的认识和评价过低,不够自信,认为即使努力也无法达到自己的目标;同时伴有害羞、不安、内疚、忧郁、悲观、失望等情绪体验。自卑主要表现为:依赖性强;经常愁眉不展;处理事务优柔寡断;遇到问题怨天尤人,想要逃避和退缩,不能勇敢面对。

【案例分析】

我为什么处处不如别人?

小湘(化名)是一名大学一年级男生,面容清秀,性格比较内敛,来自北方的一个偏僻小山村。从记事起,他凡事都喜欢与别人攀比,也很在意输赢与别人的评价。从小他就想走出去看看外面的世界。上高中时,他希望通过努力考上理想大学,经过自己的努力拼搏,小湘终于考入了一所自己感觉还不错的大学,开始了新的学习与生活。

"这所大学本来是我好好努力奋斗的地方,"小湘哽咽着说,"但我现在感觉很自卑,周围好多同学都比我强,我不知道自己能否坚持下去,也不知道该怎么办?"他低着头向老师倾诉。

小湘说他在进大学之前也有充分的思想准备,虽然高考成绩不是很理想,但是,只要有机会上大学,就要好好珍惜机会,要认真学习各门课程,将来同样能找到满意的工作。可是,进入大学没多久,看到有的同学不专心学习,吃喝玩乐,又得知有的高中同学考上了理想大学,小湘心里很难受。想到自己家境贫寒,能力也一般,小湘感觉自己很多方面都不如同学们,低人一头。渐渐地,小湘不抬头说话、不主动社交、不抛头露面。每到周末,他很担心老乡或之前的同学来找他,有意回避与他们交往,也不愿意展示自己,干什么事都无精打采,计划好的事情无法坚持下去,每天都在消磨时间,身心疲惫。

"我好迷茫,我的前途在哪里?我为什么不如别人?我该怎么办?"这些问题总是在小湘的头脑中闪现,他逐渐发展到吃不好睡不着,没有心思上课,无法集中精力学习,陷入了深深的绝望之中。

分析: 小湘的烦恼源于不恰当的比较和不正确的认知,看不到自己的闪光点,总是喜欢拿自己的缺点与别人的优点对比,从而导致产生自卑心理。自卑心理源于心理上的一种消极的自我暗示或自我否定,自卑感的产生和本人的智力、受教育程度、所处的社会地位等因素无关,而仅仅是由于对"自己不如他人"的确信。自卑会使人陷入困境和痛苦之中,荷兰哲学家斯宾诺莎说:"由于痛苦而将自己看得太低就是自卑。"大学生应培养全面而合理的自我认知评价体系,培养健全的自我意识。我们要对自己有信心,相信"天生我材必有用",既要发扬自己的优点,也要接纳自己的不足,要学会悦纳自我,取长补短。要从身边小事做起,从点滴做起,一步一个脚印,不断激励自己向前进。

（二）自负

自信是自我意识的重要组成部分,是个体在对自己进行肯定的基础上,形成的对自己的一种综合性的认可。自信是一种积极的自我体验。然而,如果个体过于自信就是自负了,会对大学生自我意识的发展产生不利影响。

自负是指自己过高地估计自己,是自以为是、自命不凡的情感体验与情绪表现,是自信的过度表现。自负主要表现为:在日常生活中经常盲目自大,眼高手低,缺乏自知之明,自我评价偏高;瞧不起周围的同学,自以为是,缺乏谦虚谨慎的态度,常引起周围人的不满和反感,导致内心苦闷、自我放弃,有时还会引发过激行为和反社会行为。

【案例分析】

趾高气扬的"我"

李莉(化名),女,19岁,大学二年级学生,家境较好,深受父母宠爱。她自恃清高,认为自己又聪明又漂亮,经常在同学们面前炫耀自己,每当有同学说别人好时,她就表现出不屑一顾的样子,说:"哼,有什么了不起的,还不是我……"同学们觉得李莉身上有一种令人不舒服的傲气,都不喜欢和她交往。李莉自己也很委屈,不知自己哪儿得罪了同学,反而振振有词地说:"我就是比她们强呀,我吃的穿的都是最好的,再说了,如果没有我,联欢晚会能那么热闹吗?没有我,我们班能评上优秀班级吗?我怎么就惹她们讨厌了?我看她们纯粹是嫉妒我。"

分析:李莉的自我意识出现偏差,她不能客观地分析自己,把自己的优点无限放大,而对自己的缺点视而不见,自我标榜,趾高气扬,对自己的评价过高,不能与同学和睦相处。首先,她应该调整思维方式,意识到骄傲的极端是狂妄,不能因自己条件优越而自大;其次,要学会换位思考;此外,还要采用写日记等方式记录每天的言行,针对一些不妥的方面对自己提出一些建议并加以改进。这样,她就能慢慢地认识到自己的有些想法不正确、不合理,并逐步学会客观看待自己的言行和周边的事物。

（三）自我中心

自我中心是指一个人过于关注自己的需求、观点、利益,较少考虑他人的态度和感受。

大学生个性独特,追求与众不同,有的大学生在考虑问题时常常以自我为中心,做事的时候也经常以自己的需求为出发点。尤其现在有很多大学生为独生子女,习惯了被家人关爱、呵护,一切围着自己转,很容易出现自我中心倾向,凡事都从自我的角度和标准去思考、衡量、评价和行动,往往不顾及他人的感受和需要。有自我中心倾向的大学生在人际交往中的主要表现为:如果别人比自己强,就嫉妒或冷嘲热讽;如果别人比不上自己,就瞧不起别人,而且常把自己的意愿强加给别人,人际关系很不和谐,易遭受挫折。

（四）从众心理

从众心理是一种常见的心理现象,是指在一定的情境下,个体放弃自己的想法而采取与大多数人一致的自我保护行为。在现实生活中从众心理主要表现为缺乏主见和独立意识,不积极主动思考问题,遇到问题时束手无策或求助于他人,人云亦云,甚至迷失自我。

过度的从众心理是一种依赖性的反应。当有过度从众心理的大学生遇到困难或面临压力的时候,就会不知所措,可能有退缩和逃避反应。

五、自我意识对大学生发展的作用

大学生的成才受多方面因素的影响,在客观环境方面,包括就业形势、市场需求、家庭氛围、社会环境、学校教育等,同时,大学生的成才与自我意识发展是否健全关系密切。健全的自我意识能够促进大学生合理认识自我,有效调控自我,不断进行自我完善。自我意识对大学生发展的作用体现在以下四个方面。

(一) 激发大学生的成才动机

动机是在人们从事活动时产生的一种内驱力,使人们朝着所期望的目标前进。动机与个体的需要直接相关,对个体的活动具有导向功能、维持功能和调节功能,不同的需要会产生不同的动机。成才是每个大学生的美好愿望,但并不是每个大学生最终都能成才。因为成才是一个人有目的、有意识的主动探索与追求,是一种高度自觉的活动。如果大学生没有强烈的成才动机,缺乏自觉性,就不可能成功。健全的自我意识可以让大学生了解形势,明确自己的角色,合理规划自己想成为什么样的人,产生成才的需求,并形成强烈的成才动机。

成才动机属于个体的非智力因素,是大学生发展的动力。在成才动机的驱动下,大学生确立成才的目标,并制订为实现目标而努力的计划。

(二) 引导大学生选择合适的成才目标

选择合适的目标是人才发展的导航机制,要成才,确立目标是第一步。我们不能将自己设想成包打天下的英雄,但我们必须设计自己的人生,选择一个适合自己发展的事业作为目标。但是,大学生是否确立了目标就一定能成才呢?答案是否定的。有些目标虽然很好,但是如果和大学生自身所具备的各种条件不符合,那么这样的目标即便通过努力也是很难实现的。因此,大学生在成才的路上应综合考虑自身各方面的条件,确立适合自己的成才目标。

大学生能否确立一个适合自己的成才目标取决于大学生是否具有健全的自我意识,健全的自我意识有助于大学生明确自己该干什么、能干什么以及怎么干。只有具备健全自我意识的大学生,才能正确地认识到自身条件与社会对自己的要求,全面地衡量外界的环境条件,不断将成才的需要转化为具体的成才目标,并且通过成才计划提高其可行性。具有健全自我意识的大学生,对自身有正确的认识,自我评价客观准确,他们清楚自身的长处与不足,善于学习别人的优点,这就为大学生自身成才目标的实现创造了良好的条件。

(三) 调控大学生的成才活动进程

意大利著名的皮衣商安东尼·迪比奥在同美国《时代》周刊记者讨论成功经验时谈到,有些人在人生的道路上会与成功失之交臂,并不是因为他们缺乏机会与才华,而是因为缺少控制情绪的意识以及能力。这里所谈到的控制情绪即是健全自我意识中的自我调控。

在成才的道路上,当遇到困难与挫折时,健全自我意识中的自我调控能使大学生用坚强的意志力排除自卑、焦虑等不良的消极情绪,使自我能客观、冷静地评价自己的成才行为,坚信自己对成才价值的认知。在积极的自我体验和正确的自我评价的基础上,大学生能战胜内心畏难、退缩等心理,检查自己的失误与不足,修改自己的行动计划,增强自己的自信心与恒心,加强自己行动的力度,重新投入成才活动。可见,健全的自我意识能对大学生的每一步成才活动作出及时的反馈与评价,适时地调动大学生的自身意志力以维持其成才行为,不断地推动成才活动的进程,以使大学生最终实现成才目标。

（四）有利于发挥大学生成才的潜能

大学生成才与否的关键是大学生是否真正了解自己的内在潜能，这种潜能受制于大学生的自我意识。如果大学生在自我意识中对自身能力、价值缺乏自信心，就会削弱进取精神和适应能力，这可能会使大学生一辈子以"无所事事"或"我不是干这个事的料"的错误意识而终其一生。具有健全自我意识的大学生能接纳自我，在成才活动中他们敢于挑战传统与权威，发挥自身的积极性与创造性，充分利用自身具备的各种条件来解决各种问题，所以能最大限度地发挥自身的潜能。

六、完善大学生自我意识的途径

（一）自我发展方面

大学生对自我的认识和思考是促进自我意识发展完善的关键因素。大学生自我意识的发展与完善表现在以下三个方面。

1. 正确认识自我

大学生正确认识自我主要通过与他人的对照和比较、从成长发展过程中积累的直接经验和间接经验以及自我反省等来进行。

（1）比较法

比较法就是指从自身与他人的对照和比较中认识自我。确定合理的参照目标和参照点对于大学生树立正确的自我意识非常重要，可以从以下三方面做起。

第一，跟别人比较的是什么？是行动前，还是行动后？有的大学生还没有开始行动就过分看重别人的成就，感觉自己与别人差距太大，无法建立自信心，故步自封。

第二，跟别人比较的标准是相对的，还是绝对的？是可变的还是不可变的？大学生经常觉得自己不如别人，他们很可能是从对方的身高、外貌、家庭背景等原有的条件来进行比较，而不是用发展变化的观点看待。

第三，比较对象是什么人？是与自己条件相似的人，还是心目中的偶像？用过高或过低的标准去比较都不利于个体的成长发展。

（2）经验法

经验法是指个体在过去的经验、实践和处理事情的过程中不断认识自我。对于个体而言，成功或失败的经验都有助于学习和成长，俗话说，"吃一堑，长一智"。成败得失的价值因人而异。对于有智慧的个体而言，成功或失败的经验都可以助力成功，可以避免重蹈覆辙；而对于缺乏智慧的个体来说，失败的经验使其更失败，因为他们不能从失败中吸取教训，难以改变策略，反而在遇到挫折后产生畏惧心理，不敢面对现实，害怕面对困境或挑战，以至于失去良机。大学生应该积极参与各种活动，如参加社团活动或社会实践活动等，通过活动来积累经验，增长见识，磨炼意志。

（3）反省法

反省法通常是指自我反省、自我反思的方法。个体通过对自身行为、思维、情绪、情感等进行深入思考和剖析，以促进自我认知、自我提升，也就是从与自己的关系中认识自我。古人云："吾日三省吾身。"但是，个体从与自己的关系中认识自我的难度比较大，所谓"当局者迷，旁观者清"。

【知识链接】

约哈里窗户理论

约哈里窗户理论是美国心理学家约瑟夫·勒夫特和哈林顿·英格拉姆提出的个体关于自我认识的理论,该理论采用两人的名字进行命名。该理论认为个体对自己的认知是一个不断探索、不断深化的过程,每个人的自我都包含四个部分:公开的我、秘密的我、盲目的我、潜在的我,见表2-2。

表2-2 自我的四个部分

类别		自我观察	
		认识到	未认识到
他人观察	认识到	A 公开的我	B 盲目的我
	未认识到	C 秘密的我	D 潜在的我

该理论认为,每个人的自我都由这四部分构成,但其比例是不相同的,而且随着个人的成长,自我的四个部分也会发生变化。一个人A部分越大,自我认知就越正确,自我评价越全面,心理就越健康,越有利于自身发展;B部分越大,说明对自我认知的偏差越大,可能盲目夸大了自己的优点和缺点,盲目自负或自贬;C部分越大,表明越害怕别人看清自己,进而否定自己,总是按照别人对自己的评价和期许来表现自己,隐藏真实的自我,觉得别人不理解自己;D部分的存在使我们无法完全认识自己。

因此,大学生应如实地展示自我,并主动征求他人的意见,留心观察和分析他人对自己的态度,力图缩小B部分,力争全面认识自我;同时,应按照自己的真实状态展示自己,不有意掩饰自我,以缩小C部分。因为当一个人秘密领域缩小,公开领域扩大,其生活会更加真实,不论是与人交往还是独处,都会更加轻松愉快,效率高。盲目领域和未知领域变小,使人对自己的认识更清楚,更能在生活中扬长避短,发挥自己的潜能。

2. 积极悦纳自我

个体对自我的态度大致分为两种情况:一种是自我认可、自我接纳、自我肯定,既能看到自己的优点或长处,又敢于承认自己的缺点或不足,是高自尊的自我体验;另一种是自我怀疑、自我拒绝、自我否定,遇到事情总是往坏处想,对自己消极评价,夸大自己的缺点和不足,甚至否认自己的价值,是低自尊的自我体验,即不喜欢自己。对自我的态度影响到能否悦纳自我,一般而言,积极悦纳自我主要包括以下五点。

① 爱自己,接纳真实的自己,认为自己独一无二,能够体验到价值感、自豪感、愉快感、满足感;
② 性格活泼开朗,对生活乐观积极,对未来充满憧憬;
③ 理性看待自己的长处与不足,合理对待自己的得与失;
④ 有远大理想,并以此激励自己不断向前;
⑤ 忠于自己的内心,不消极回避或漠视现实,不怨恨、不自责、不否定自己。

【案例分析】

我优秀但很不快乐

宋妍(化名),女,20岁,大二学生,面容姣好,才华横溢,是学生干部,自述经常不开心。前段时间,她组织了一次班级聚会。大家在聚会中,谈理想、谈未来,玩得很尽兴,也很有收获,同学们对她组织的这次活动很满意。然而,活动过后,宋妍却独自在操场坐着,想这次活动的不足之处,如为什么晨晨(化名)迟到两分钟才拿来话筒?她对我是不是有意见?是不是我说话的方式方法不好?我是不是什么时候得罪过她?那几个男生为什么不听安排,总是那么吵?他们是不是觉得活动挺无聊?今天的聚会好像不是太好,我应该组织得更好一些……

在大学时期,很多人都会对自己有一个美好构想,希望自己处处做得好,追求至善至美。追求完美在一定程度上可以让自己不断获得提升的动力,但如果事事必须完美,这样的苛求很容易使人陷入难以自拔的困境。因为完美是相对的,世上本不存在事事都完美,如果一定要追求完美,既无法让自己满意,也无法接纳他人,就会陷入"希望—挫败—苛责"的恶性循环之中。

分析:对于宋妍来说,目前最重要的任务就是认识自己的优点,也要接纳自己的不足,学会接纳真实的自我、现实的他人以及理性面对实际情况。

3. 有效调控自我

自我调控是主动适应和改造自我的过程,是个体对待自己的一种态度,同时,也是大学生健全自我意识、完善自我的根本途径。一般来说,大学生的有效自我调控主要包括以下三点。

(1) 树立合理的目标

个体根据实际情况确定切实可行的奋斗目标。按照由近及远、由低到高的方法把远大的理想分解成子目标,循序渐进,逐步实现。每个子目标都应恰当而合理。

(2) 增强自尊、自信

大学生要自尊、信心,具备为实现自我理想而奋斗的强大动力,激励自己不断前进。

(3) 培养顽强的意志力

大学生应自觉主动地确定目标,培养坚韧的精神和自制力,不断增强抗挫折能力,努力排除干扰、迎难而上,合理面对成功与失败。

(二) 家庭教育方面

家长是孩子的第一任老师,给孩子关爱与支持,家长的言传身教在大学生自我意识的发展过程中十分重要。

1. 家长要了解孩子、接纳孩子

家长要树立正确的教育观,充分了解孩子、接纳孩子,既要看到孩子的优点,也要看到孩子的不足,接纳孩子真实的状态;经常与孩子沟通交流,引导孩子对自己有一个全面的认识,接纳真实的自己,爱自己。家长既不可为孩子的长处而沾沾自喜,也不可为孩子的不足而过于苛责。

2. 教育方式民主

家长要采取民主的教育方式,像尊重朋友一样对待孩子,以平等的方式与孩子交流;要善于发现孩子的闪光点,经常鼓励孩子,帮助孩子树立自信心,并引导孩子健康成长。

3. 期望水平恰当

望子成龙、望女成凤是每个家长的心愿。但是，如果家长不考虑孩子的实际情况而期望过高，有可能给孩子造成心理负担，使之不能认同自我。因此，父母对孩子的期望水平要恰当。

（三）高校教育方面

高校教育工作者应不断学习教育新理念，掌握教育新方法，做学生健康成长的导师，为学生系好人生的第一粒扣子，可以通过以下五种途径来完善大学生的自我意识。

1. 加强理论学习和研究

深入了解大学生自我意识发展规律，细致探讨大学生在每个自我意识发展阶段中遇到的具体问题及其解决方法，这是当前教育工作者的首要任务。要探索大学生自我意识的完善方法与途径，为大学生树立正确的自我意识提供帮助。

2. 开展专项心理健康教育活动

学校应开展以"完善大学生的自我意识"为主题的心理健康教育活动，引导大学生合理评价自我，通过班会、心理健康教育专题会为大学生创造能够进行积极自我体验的机会，协助大学生掌握自我调控的方法，促进大学生自我意识的提高。可以通过开设大学生心理健康教育必修课和选修课，开展心理健康专题讲座、团体心理辅导活动等多种方式，提高大学生自我意识，提升大学生的心理健康水平。

3. 有规划地开展辅助活动

为进一步促进大学生自我的和谐与统一，学校可以开展职业生涯教育活动，帮助大学生更好地规划未来；学生管理部门应开展丰富多彩的学生实践活动，让学生在体会大学生活乐趣的同时，能够从中实现自我价值；教师要加强对学生的学习目的和学习态度的教育，并在教学过程中因材施教，发挥每个学生的优势潜能。

4. 创设良好的环境

大学生自我意识的发展受家庭、学校、社会等多方面因素的影响。因此，要加大教育宣传力度，推广行之有效的方法，加强学校—家庭—社会之间的沟通与合作，形成互帮互助联动机制，增强大学生社会功能体系的建设。

5. 关注学生健康成长

绝大部分大学生的心智并未达到成熟状态，因此，辅导员或班主任应关注每一名学生的心理健康状态，通过谈话、问卷调查等方式了解学生的心理发展特点。如果发现学生有不恰当的思想观念或行为，应及时加以疏导，帮助学生树立自尊自信、理性平和、积极向上的健康心态。

第三节　人格发展

"人心不同，各如其面。"人的心理差异就像人的面孔，千差万别。有的活泼，有的文静；有的勇敢，有的懦弱。这些差异就是人的人格，它影响和制约着人的发展和成就。大学阶段是人的人格发展、完善的重要时期，向往成才、追求卓越是每个大学生的期盼。因此，每个大学生都应该了解人格的知识，关注自己人格的发展，积极主动塑造良好的人格，使自己的人格不断完善，为走向成功奠定坚实的基础。

一、人格概述

"人格"一词在日常生活中经常会用到,如"他侮辱了我的人格""他的人格很高尚",是道德层面的含义。那么在心理学中,人格的准确含义又是什么呢?由于心理学家各自的研究领域不同,对人格的定义也不尽相同。

(一)人格的概念

人格是个体相对稳定、独特的心理特征的总和,主要包括个性倾向性(如需要、动机、兴趣、价值观、理想等)和个性心理特征(如能力、气质、性格、自我调控等)。

1. 人格的由来

人格一词的来源是拉丁语 person,本意是指面具。人格最初是指在古希腊时代,戏剧演员在舞台上戴的假面具,面具代表剧中人物的角色、身份、性格,与我们今天戏剧舞台上角色的脸谱相类似;而后引申为演员所扮演的角色特征。用面具指人格,说明人格是表现于外的行为特点,也暗示这只是个体特点的一小部分,个体还存在未显露的内隐成分。

"人格"一词在心理学中的广泛运用始于 20 世纪 30 年代,当时主要作为性格的替代概念出现。在西方语境中,"性格"往往带有道德评价的含义,而"人格"则显得更为中性。正因为此,心理学界借用这个术语,指出每个人在人生舞台上各自扮演的角色及其不同于他人的精神面貌。

2. 人格的定义

由于人格的复杂性,我国心理学界对人格的定义尚未统一。大多数学者的看法为人格指一个人的整个精神面貌,即个体具有一定倾向性的心理特征的总和。人格结构是多层次、多维度的,各维度之间是相互联系、有机结合的整体。

(二)人格的结构

人格是一个复杂的结构系统,它有许多成分,其中主要包括气质、性格、认知风格与自我调控系统。

1. 气质

气质主要是指个体与生俱来的、典型的、稳定的心理活动的动力特征。气质是人的天性,无好坏之分,不能决定人的社会价值,也不具有社会道德评价含义。

首先,气质是个体心理活动动力特征的总和,主要表现在心理活动的强度、速度、灵活性、指向性等方面。其次,气质是一种典型的心理特征,它使人的活动带有独特的色彩,表现出与他人不同的典型特点。比如:一个性情比较急躁的人在与人争论时,会情绪激动;在探究问题时,想迫切地了解结果。再次,气质是个体具有的一种稳定的心理特征,它不会因活动情境的变化而变化,即使在环境和教育的影响下,可能有所变化,但其变化很慢,也就是所谓的"江山易改,本性难移"。最后,人的气质是与生俱来的,受高级神经系统活动影响,无好坏之分。

气质类型是对人在心理活动和行为方式上表现出的典型的、稳定的动力特征的分类,是指某一类人身上共有的或相似的心理活动的动力特征。公元前 5 世纪,古希腊医生希波克拉底指出人体内有四种液体(黄胆汁、血液、黏液、黑胆汁),这四种液体在人体内所占比例不同,形成了气质的四个类型(胆汁质、多血质、黏液质、抑郁质)。有学者指出这种学说虽缺乏科学根据,但把人的气质分为这样四个类型在今天看来仍具有其合理性。结合巴甫洛夫的高级神经活动类型学说(高级神经活动有四种基本类型),以及对心理活动的观测,这四种不同气质类型分别有以下特点：胆汁质，相当于高级神经活动强而不平衡型；多血质，相当于高级神经活动强而平衡灵活型；黏液质，相当于高级神经活动强而平衡不灵活型；抑郁质，相当于高级神经活动弱型。

胆汁质的气质特点：情绪体验强烈、爆发迅猛；精力充沛，积极主动，但可能缺乏耐心；行动敏捷，做事果断；脾气急躁，容易冲动；为人热情直率，朴实真诚。这种气质类型的人像"夏天里的一把火"，但常常粗枝大叶，不求甚解，鲁莽冒失，常常感情用事、刚愎自用，但表里如一。典型代表人物：《水浒传》里的李逵。

多血质的气质特点：活泼好动，充满活力；善于交际，对新环境适应能力强；思维敏捷，反应迅速；语言表达能力强而且富有感染力；注意力容易转移，兴趣易变。这种气质类型的人像春风一样，富有朝气，与人"自来熟"，对各种环境适应力强，但稳定性差。典型代表人物：《水浒传》里的燕青。

黏液质的气质特点：安静沉稳，情绪稳定；做事认真，考虑周全；行动迟缓，不够灵活；善于克制自己，忍耐力强；不易受外界环境影响；与人交往适度，朋友少但却知心。这种气质的人有时"火烧眉毛也不急"。典型代表人物：《水浒传》里的林冲。

抑郁质的气质特点：观察力敏锐，情感体验深刻、细腻而持久，多愁善感；行动缓慢，较为孤僻；优柔寡断，较为敏感。这种气质类型的人给人以"秋天落叶"般的忧愁印象，但聪明而富有想象力，自制力强。典型代表人物：《红楼梦》里的林黛玉。

具有单一气质类型者称为"典型型"，近似某一类型者称为"一般型"，具有两种或两种以上类型者称为"中间型"（"混合型"）。一般型、两种类型混合型的人占多数，典型型、两种以上类型混合型的人占少数。

2. 性格

性格是一种与社会最密切相关的人格特征，在性格中有许多社会道德含义，表现了人们对现实和周围世界的态度，并体现在行为举止中。

首先，性格与个体的态度和行为方式关系密切。其次，性格是个体稳定的心理特征。偶尔的态度与相应的行为方式并不能被称为性格，只有成为对现实稳定的态度或习惯化的行为方式，才能被称为性格。最后，性格是个体在后天形成的，是现实生活中社会关系的反应。性格反映个体道德品质的好坏。

【案例分析】

我很孤独，该怎么办？

张楠（化名），女，18岁，大二学生。自述从上大学到现在感觉很孤独，远离家乡亲人，她也想好好开启大学生活，但就是怎么也高兴不起来。有时看着同学有说有笑，好羡慕他们，也想融入他们。张楠说自己从小就不太喜欢人多的地方，小时候比较听话，爸妈工作忙也顾不上陪伴她，但学习成绩一直还可以。她刚来大学时认识了几个新同学，大家一起吃饭一起上课，但她有时觉得自己还不太习惯，想找个安静的地方清净一下。虽然她也想像同学们那样多才多艺，可是感觉自己除了学习还是学习，没有一技之长，不敢大声唱歌，不敢当众表现自己，于是，又渐渐地远离了大家。张楠觉得自己好孤单，不知该怎么办。

分析： 从对张楠的了解情况看，她内心感觉孤独，不太喜欢热闹。从气质类型来看，她可能属于黏液质,因为她从小就是一个比较安静的孩子。家庭教育的疏忽、与父母之间沟通与交流的缺乏,使她形成了"孤独"的人格。当进入大学后,出于新奇感,她开始能够和同学们在一起生活学习,孤独感有所减轻。可是,她孤僻的人格特点也使她形成了自卑的性格,不敢大胆去尝试,又渐渐地远离了同学们,内心的孤独感又被唤起。人格虽然具有稳定性,但也具有社会性,是可以改变的。建议张楠找一个外向的、爱说爱笑的同学,模仿这个同学的外向行为,大胆与同学们交往,勇于挑战自己,一段时间后,内心孤独感就会减轻,从而慢慢融入同学们。

3. 认知风格

认知风格又称认知方式,是指个体在认知过程中所表现出来的习惯化的行为模式,主要包括场独立型—场依存型、冲动型—沉思型、同时型—继时型等。认知风格没有好坏之分,它是个体对信息的感知、处理和记忆方式,以及解决问题和作出决策的方式。

(1) 场独立型—场依存型

场独立型和场依存型主要表现在个体对外部环境(场)的不同依赖程度方面。场独立型的人在加工信息时,主要参照内部的因素,受外界影响较少。场依存型的人在加工信息时,对客观事物的判断常以外部线索为依据,比较能考虑对方的感受。

(2) 冲动型—沉思型

冲动型和沉思型主要表现在对问题的思考速度方面。冲动型的人面对问题时急于求成,不管正确与否都急于表达出来,不能全面细致地分析问题的各种可能性,反应快,但是精确度较低。沉思型的人在作出回答之前倾向于深思熟虑,反应慢但精确度高。

(3) 同时型—继时型

同时型和继时型根据思考问题的方式区分。在解决问题时,同时型认知风格的人视野较宽,同时有多种假设,能够发散性地考虑解决问题的多种可能性。具有继时型风格的人需要逐个分析问题,每个步骤只考虑一种假设(或一种属性),按照时间前后顺序解决问题,一环扣一环,直到找到答案。

4. 自我调控系统

自我调控系统具有自我认知、自我体验、自我控制三个子系统,是人格的内在自控系统,对人格的内在成分进行调控,保证人格的完整、和谐、统一。

自我认知是指对自己的洞察与理解,包括自我观察与自我评价。其中,自我观察是个体对自己的感知、思想、意向等方面的觉察。自我评价是个体对自己的想法、期望、行为、人格特征方面的评估与判断。恰当的自我认知是自我调节与人格完善的前提。

自我体验是自我的内心体验。自我体验指导、激励个体适当的言行,抑制不适当行为。如当个体认识到自己行为不适当的后果时,会产生内疚、羞愧情绪,避免不良行为的发生。

自我控制是自我意识在行为上的表现,主要包括自我监控、自我激励、自我教育等。如当大学生意识到学习对个人发展的重要意义时,就会产生努力学习的动机,表现出刻苦学习、不怕困难的学习精神。

二、人格的影响因素

心理学家认为,个体人格是在先天遗传与后天环境的交互作用下逐渐形成发展起来的。大学生人格的影响因素主要包括以下五个方面。

（一）生物遗传因素

遗传对人格的影响通常表现在与生物因素（智力、气质）关联较大的特质上。心理学家对双生子与寄养子进行研究，一对同卵双生子一出生就离开父母，与在同一家庭中长大的同卵双生子相比，他们具有相同的基因与不同的环境。结果显示，分开抚养与一起抚养的同卵双生子，在人格特质上都很接近，说明遗传是影响人格的一个重要因素。

（二）自然物理因素

人类所处的生态环境、气候条件、空间拥挤程度等都会影响人格的形成与发展。气温会提高某些人格特征的出现频率，比如：天热使人烦躁不安，发生反社会行为。地理环境也对人格具有一定程度的影响，比如：我国北方姑娘与南方姑娘在人格上就具有明显差异，北方姑娘一般具有大方、开朗、坚强等人格特征；南方姑娘一般具有温柔、灵巧等人格特征。总之，在不同物理环境中，人可以表现出不同的行为特点，但自然物理环境并不对人格起决定性作用。

（三）社会文化因素

人一出生，便置身于社会文化之中并受社会文化的熏陶与影响，文化对人格的影响伴随着人的终生。社会文化塑造了社会成员的人格特征，使成员的人格结构朝着相似的方向发展，而这种相似性又具有维系社会稳定的功能。这种共同的人格特征使得个体正好稳稳地"嵌入"整个文化形态里。社会文化对人格的影响力因文化而异，社会文化对顺应的要求越严格，其影响力就越大。

（四）家庭环境因素

家庭是"人类性格的工厂"，它塑造了人们不同的人格特质。在家庭中，家庭的教养方式、家庭的组成状况（如双亲家庭或单亲家庭、子女数量不同的家庭）、出生顺序、家庭社会经济地位等对人格的发展产生影响。其中，家庭教养方式主要包括民主型、权威型及溺爱型三种。

1. 民主型

民主型的父母尊重孩子，与孩子平等和谐相处，鼓励孩子表达自己的想法和感受，积极与孩子沟通交流，既尊重孩子的独立和自由，满足孩子的适当要求，又会给孩子适当的引导和规范，与孩子建立良好的亲子关系。在这种家庭氛围中长大的孩子活泼、快乐、直爽、自立、善于交往、乐于合作。

2. 权威型

权威型家长用各种清规戒律约束孩子，干预孩子的个人意志，防止和制止孩子的独立行为，经常发出各种指示和禁令，如不许淘气、不许乱跑等，孩子的一切都由父母来控制。在这种家庭氛围中长大的孩子比较消极、懦弱、被动、缺乏主动性，不敢真实地表达。

3. 溺爱型

溺爱型父母替孩子包办一切，迁就、放纵孩子，在这种家庭氛围中长大的孩子比较随意任性、自私懒惰、胡搅蛮缠、缺乏独立性和进取精神。

（五）学校教育因素

学校是有目的、有计划地向学生施加影响的教育场所，教师、班集体、同学等都是学校教育的一部分，也是学生人格成长中重要的因素。在不同教学气氛中，学生常有不同的行为表现，教师对学生人格发展具有导向作用，教师的期望会引起"皮格马利翁效应"；另外，学校是同龄人聚集的场所，同伴群体对人格发展具有重要的作用。

三、人格发展的心理缺陷

大学生人格发展的心理缺陷,不仅影响大学生的学习与生活,妨碍正常的人际关系,而且不利于大学生人格的完善。心理缺陷主要包括以下四种。

(一)悲观

悲观是指对人、事、物等抱有一种消极、沮丧、失望的看法和态度。悲观的影响因素主要有人生态度、意志品质、错误认知、人格不成熟。有的大学生一遇到不如意的事情或经历失败便会怨天尤人,感觉无能为力,失去信心等。悲观心理使大学生消极倦怠,甚至厌世轻生。

(二)羞怯

羞怯是指害怕与人打交道,主要表现为退缩、逃避,同时,伴随身体和心理方面的不适感。羞怯的人往往过度关注自我。比如:有的大学生不敢在公共场合发表意见,害怕与陌生人交往,尤其见到异性同学时,感觉心跳加速、手足无措;见到老师时,说话会紧张。重度羞怯者表现为两腿发软、呼吸困难、浑身哆嗦,说话音调改变,主要原因是个体过于胆小怕事、谨小慎微,而且时常后悔、沮丧、自责;同时,过度关注自己,特别在意自己在别人心目中的印象。

(三)猜疑

猜疑是指个体对他人的言行过分敏感、多疑。猜疑心太重不但会影响正常的学习、生活和人际交往,还会影响自己的身心健康。爱猜疑的个体对人、事、物敏感多疑,但往往缺乏事实依据,缺乏合理的思维逻辑。比如:有的大学生看到同学背着自己说话,便猜疑他们是在说自己的坏话,然后会陷入忧愁、烦闷等不良的情绪状态。

(四)急躁

急躁是指个体迫切想达到目标,但还没有准备好的心理状态。如果制定的目标高于自己的能力,却想立刻实现,就会产生烦躁不安的心理,主要表现为一旦遇到不如意的事情就急躁不安,做事盲目冲动,缺乏耐心与恒心。比如:有的大学生什么都想学,而且想在短时间内学会,生怕落后于别人,急于求成,但经常达不到所期望的目标,于是就会泄气、发怒等,既影响自己的身心健康,又妨碍人际关系。

四、健全人格的培养途径

(一)丰富知识

大学生学习知识、增长智慧是人格优化的过程。"知识就是力量",丰富的知识有助于人格力量的形成。大学生的主要任务是学习,而且大学生正处在学习的黄金时期,大学生可以博览群书,通过广泛学习学科专业知识、自然科学知识、社会科学知识,掌握专业技能,提高文化素养,促进人格健全。

(二)锤炼意志

意志在个体的人格特征中起到重要作用,锤炼坚强的意志是大学生人格塑造的重要途径。"有志者事竟成""水滴石穿",坚强的意志有助于大学生克服人格缺陷,实现个人目标。

(三)培养良好习惯

良好习惯的养成有助于改变个体人格的内在品质和结构,大学生应该自觉培养良好习惯,这对健全人格起重要作用。培养良好习惯可以从以下两个方面做起:一要确定合理的目标,二要从小事做起,从点滴做起,坚持不懈。"千里之行,始于足下",大学生要从日常生活和学习中逐渐积累和养成好习惯,不断强化。

(四) 融入集体

人格发展和塑造的过程也是个体与他人、集体、社会相互作用的过程。通过参加集体活动,个人的人格品质得到培养,比如:大学生通过参加社团活动,就会培养乐观、自信、热情等积极的心理品质,自主性、创造性也能被很好地激发出来。同时,自己的人格品质在他人的反馈中得以调整、优化。因此,大学生应有意识地、积极主动地参加实践实习活动、社团活动,主动与老师和同学沟通交流,融入集体,在集体中成长。

(五) 社会实践

大学生的社会实践内容主要有义务劳动、志愿者活动、勤工助学、科研活动等。积极参加义务劳动与志愿者活动,有助于培养大学生热爱祖国、关心集体、团结协作、乐于奉献、责任意识和主人翁精神强等优良品质;积极参加勤工助学有助于大学生吃苦耐劳、乐于奉献、自立自强等良好人格特质的形成;积极参加科研活动可以培养大学生自主创新、严谨细致、团结互助、诚实守信等良好的人格特质。

第三章
入学适应与生涯规划

第一节 入学适应问题

  大学生满怀豪情,带着美好的憧憬迈入大学校园,但同时也有大学生会感到迷茫、无助,因为学习和生活的周边环境发生了改变,无法主动适应。对于大学新生而言,上大学意味着开始新的生活,即将面对新的挑战。一般情况下,入学新生要经历一段时间的适应,有的大学生因入学不适应,内心孤独、焦虑、忧郁、烦闷等。入学适应问题不仅影响大学生的学习和生活,而且影响其身心健康。

  刚入学的大学新生,在学习活动、人际关系、情绪状态方面的适应都处于较高水平,从整体来看,他们无严重的适应困难。在这些维度中,大学新生在人际关系方面的适应水平最高,情绪状态次之,学习活动适应水平较低。我国大学生入学适应表现出以上特点可能是因为高中阶段的学习模式与大学阶段的自主学习模式差异较大。

  一般情况下,大学新生学习适应水平变化过程呈"U"字形趋势,大学新生刚入学时适应水平呈现短暂的下降趋势,大约从第二学期开始,适应水平会逐步上升,且上升速度加快。在人际关系适应方面,大学生在第一学年的适应水平呈下降趋势,可能是因为学生刚入学时,在面对陌生环境的情况下,有较强的依赖感与强烈的交往需求,对大学生活充满好奇和兴趣,但在经过一段时间后,对人际交往的热情会降低,交往中的矛盾与分歧开始出现。此外,大学新生在入学不久后,在适应能力方面会存在个体差异,且这种差异相对稳定。

一、环境适应方面的困扰及应对策略

  大学校园里聚集了来自四面八方的大学生,一般来讲,来自偏远地区的学生比来自市区的学生,适应起来更艰难,也需要付出更多努力。上大学后,大学生的生活环境有了很大的变化,许多事情需要大学生独自去处理,甚至从头学起,但有的大学生依赖性较强,他们不知道从何做起。

  应对策略:对所处的生活环境要有一个客观的评价,重新适应;要善于发现与之前环境的异同之处,重新评估新变化,不要用自己原来的眼光和观念去看待新的事物。

二、人际关系变化带来的困扰及应对策略

在上大学前,学生的主要任务是学习,人际关系方面的困扰还不太明显,或者说无暇顾及,而进入大学之后,对大学生影响最大的人际关系主要为师生关系和同学关系。

(一)师生关系

高校教师除了正常教学之外,还有科研方面的任务,与学生接触的时间相对较少,沟通交流的机会也就相对少一些,而辅导员、班主任对于学生的思想政治教育、日常生活管理、行为规范的养成方面考虑得多一些。当代大学生有自己独特的个性,有时会不理解教师、不服从管教,内心难免有消极、郁闷的情绪,缺乏积极主动与教师沟通的意识。

应对策略:教师要把师德师风建设放在首位,要尊重学生、尊重个体差异,关心关爱、包容理解学生,做学生成长路上的引路人。家长、学校要加强尊师重教的传统美德教育,引导学生尊敬教师、遵从科学,营造求知好学、积极向上的教学氛围。

(二)同学关系

大学生在与同学相处时,由于地域的差异、生活习惯的不同、观点看法的不一致以及性格特点等方面的差异,会遇到一些不和谐的情况,彼此之间可能会产生矛盾冲突或者产生不愉快的情绪体验。大学生都希望舍友能够接纳自己、喜欢自己,但随着相处时间的增多,各自的缺点逐步显现出来,摩擦纠纷也开始增多,有时会出现大学生被孤立的现象,甚至引发严重的矛盾、争执。有些大学生缺乏交往的经验与技巧,又没有积极寻求帮助,因此丧失了交往的勇气和信心,回避交往,抱怨人际关系的复杂。

应对策略:首先,要学会尊重差异,尊重他人,宽容、理解他人,以诚待人;其次,要学会表达自己,一个人想要在社会上生存和发展,不管是否愿意,要先学会表达自己,真实地说出自己内心的想法与感受,不评判,不埋怨;最后,要学会换位思考,当双方意见不一致的时候,要试着站在对方的角度考虑问题,设身处地为他人着想。

三、角色定位不准引发的困扰及应对策略

(一)以自我为中心

当代大学生大部分是独生子女,有些大学生自我中心意识比较强,喜欢标新立异,我行我素,把个人利益与他人利益、集体利益对立起来,或者抱着"事不关己高高挂起"的心态,这极易引起与同学的冲突。

应对策略:要有大局意识、集体观念,谦虚低调,积极主动地做力所能及的事情。

(二)角色错位

角色错位包括角色多样化与主要角色冲突。大学生在家中的角色是孩子,在学校的角色是学生,每一个角色都有其特殊的规范和要求,需要大学生认真扮演好每一个角色,把不同的角色和谐地统一起来。但大学生往往容易淡化"学生"这一主要角色,有意无意地用其他角色加以掩饰或代替,出现不应有的角色混乱现象。有的大学生在不同角色之间转换比较困难,固守一种角色,比如:有的学生把对父母的依赖心理带入学校,势必出现独立生活能力较差的现象;有的学生干部习惯命令和要求同学,并把这个要求带到教室或宿舍,最终破坏同学之间的友谊;有的学生一味追求学业至上,不愿意与人交往或不懂得人际交往技巧,把成功成才作为他们唯一的生活目标与追求,出现人际交往或生活适应困难等现象。

应对策略:从中学进入大学是人的一生中经历的特别重要的变化,大学生的自我意识也在发生变化,正确而科学合理地认识和评价自我显得尤为重要。大学生要及时调整与适应角色,重新确立新的目标和定位,快速完成角色适应。

(三)迷茫无助

大学生由于中学时习惯于教师、家长的督促,导致他们在进入大学之后一时难以适应自主、自觉的生活和学习环境,没有明确的奋斗目标,对于"我是谁""我要干什么"等问题比较迷茫,对于生活和学习缺乏合理的规划,找不到适合自己的奋斗目标,得过且过,随波逐流,引发烦闷、苦恼、绝望等情绪。

应对策略:有条件的高校要在新生入学之初,就开设大学生职业生涯规划课程,及时开展专题讲座,让学生进行职业兴趣测试等,帮助学生尽早认知自己的优势所在;建立"一对一"帮扶机制,引导学生合理规划生活和学习。

四、情感调适不当导致的情绪反应及应对策略

大学生在音乐、体育、美术、书法、绘画以及知识面、交往能力、经济条件等方面可能会有差异。有的学生会有攀比心理;有的学生羡慕、嫉妒别人比自己好;有的学生有自卑心理……家庭贫困的学生可能由于经济困难而烦恼,如果不能及时调整,可能会产生强烈的自卑感,久而久之,就可能形成消极、冷漠、孤僻、退缩等心理和行为表现。

应对策略:引导学生积极参加社团活动,一方面可以培养学生的兴趣,另一方面可以让学生通过参加活动转移消极情绪;要加强对学生的理想教育和思想道德教育,教育学生应理性面对挫折,帮助学生树立远大的理想,引导学生把主要精力集中在学习、文体活动和创新实践等方面,培养学生积极向上的乐观心态和敢于挑战的勇气。

【案例分析】

初入大学的不适应

小谭,女,19岁,文静善良,性格比较内向,来自一个偏远地方,以优异的成绩考上了理想大学,对未来的生活充满憧憬。然而,她刚入大学不久,就在学习、生活等很多方面遇到了困难,导致情绪低落、消沉,对自己失去自信,每次给家人打电话都会伤心难过。在6人的宿舍中,5个舍友都是同一个地区的。小谭觉得自己是个外人,她们不仅生活习惯相同,而且见多识广,在一起谈论的话题包罗万象,有说有笑,而她只能默默听着,不知该如何接话。在课堂上,教师讲授的内容多而复杂,她感觉学得好累,而且缺乏学习热情。她不善于合理安排时间,发现自己没有特长,与周围同学没有共同语言,只能独来独往;她感觉找不到自我,学习、生活也很无趣,甚至想到了退学。她也渴望成功,但又不愿改变自己,比较固执。她感觉这样的生活很难熬,特别怀念过去的时光,盼望着快点放假回家。

分析:小谭的这种情况属于大学新生适应不良问题。她不能很好地适应大学生活,原因在于小谭在面对陌生的环境时,在生活、学习、人际交往方面遇到挑战。小谭需要积极寻求帮助,慢慢去调整、去适应,而不是否定自己,拒绝交往。

小谭的问题主要表现在五个方面。

① 环境适应问题。小谭从偏远的地方考入大学,与其他同学的生活习惯、文化背景等方

面有很大不同,这种差异给她带来了焦虑不安。

②生活自理问题。小谭现在独立面对生活中的一切,都要从头开始,这使她感到手足无措,质疑自己的能力。

③学习问题。在大学校园里,周边都是优秀的学生,小谭感觉自己没有优势,自信心受挫。大学的学习方式使她感到不适应,对自己的学习能力产生怀疑。

④自我意识问题。小谭的自尊心、自信心受挫,但她却向内归因,否定自己的能力,而没有积极需求帮助。

⑤性格问题。小谭性格较为内向,不善与人沟通,她看到的只是自己的笨拙无能,很难适应周边的环境。

可以尝试从以下方面做起:改变认知,调整状态,学着独立面对生活;遇到困难时,主动向周边人求助,积极与同学沟通交流;从小事做起,从点滴做起,树立自信心;制定学习目标,合理规划时间,多与教师、学长探讨学习中遇到的问题。

其实,大学生活并没有我们想象中的那么美好,也没有想象中的那么容易,很多学生都是从坚持中、从奋斗中才找到适合自己的路。小谭应该为自己能拥有这么多的体验而感到庆幸。

总是控制不住自己

李珉(化名),女,21岁,大三学生,自述不善交际,也不喜欢交际。她感觉自己生来性格急躁,这可能受父母的影响;还有一点就是,她总是把事情往坏处想。她有一个男朋友,他性格温和,从来不发脾气,家庭条件也很不错,但李珉总是对他不满,经常找各种借口跟他吵架。因为一些不开心的事情,李珉总是找莫名其妙的理由向男朋友发火,如打不通他的电话时,她就会一直拨打,直到打通为止,还要求男友解释原因并道歉;当心情不好时,李珉会找借口和他吵架,吵完之后自己心情就好很多。出于性格的原因,李珉也经常与室友闹矛盾,有时候觉得室友谈的话题太无聊。总之,李珉觉得自己有心理问题,越来越控制不住脾气,不知道怎么办。

分析:首先,一个人的性格与其家庭环境有关,我们很可能潜移默化地模仿了父母待人接物的方式,如不太与人交往的家庭,孩子长大了常常也变得不喜欢交际。其次,一个人的气质类型会决定这个人为人处世的方式。如胆汁质的人就可能脾气暴躁易怒,当心中纠结无处排解,没法发泄自己心中怒火的时候,就常常将无名火转移到和自己亲近的人身上。最后,一个人的气质虽然与先天和遗传有很大关系,但是,后天成长的环境也会对其造成影响。

李珉应多学习一些人际交往的技巧,并在现实生活中加以运用,同时,试着分析自己的情绪变化规律,学习情绪调整的方法。

第二节 大学生心理适应能力与职业生涯规划

一、培养心理适应能力

(一)心理适应能力的概念

心理适应能力是指当外部环境发生变化时,通过自我调节系统作出能动反应,使自己的心理活动和行为方式符合环境变化和自身发展的需求,从而使个体与环境达到新的平衡的能力。

心理适应能力是大学生心理健康的重要标志,也是大学生综合素质的集中体现。

(二)心理适应能力的培养

1. 独立性的培养

独立性是大学生成熟的标志,主要表现在大学生有独立规划自己未来的能力;对人生问题、社会现象有独到见解;具有能够独立克服困难,求得生存、发展的自立精神。大学生培养独立性要从以下四点做起。

(1) 培养独立意识

人在成长发展过程中,逐步向社会化迈进,独立性是适应社会的必备条件。大学生要有面对困难的信心,要独立自主,勇于承担责任,培养独立探索精神,勇于面对新的挑战和不确定性。

(2) 养成独立思考的习惯

独立思考可以使大学生的思维能力得到迅速提升,有助于更好地解决问题。独立思考使大学生不因循守旧,不依赖、不盲从。大学生遇到问题时,应该努力尝试从多个角度去思考、去解决问题,促进正确世界观、人生观、价值观的形成。

(3) 具备独立做事情的能力

大学生独立性的培养应注重实践锻炼。大学生在日常生活、学习、人际交往中应克服依赖、胆怯、从众心理,自主思考问题,从点滴做起,从小事做起,主动应对各种挑战,提高独自处理问题的能力,在完成任务中积累实践经验。

(4) 提倡合作精神

在提倡大学生独立性的同时,也要强调团结合作精神。大学生独立性中包含的合作精神主要指在通过集体和团队才能完成的任务和活动中,互相交流,互相协作,增强人际沟通能力,但个体的主见、主动性不受影响;在集体和群体中更好地学习他人所长,汲取他人成功经验。

2. 择业心理调适

(1) 择业心理

择业心理是指大学生在步入社会前,进行职业选择时的心理状态,也可以理解为大学生在择业过程中遇到问题时表现出来的各种心理状态。择业心理与大学生的气质、性格、发展需求、发展目标等因素紧密相关。

(2) 择业心理特征

① 自主竞争意识增强。

当前,大学生已经从传统择业观念的束缚中挣脱出来,抛弃"等""靠""要"等陈旧的就业思想,在择业过程中自主竞争意识明显增强,就业态度越来越积极。大多大学生在毕业前一年就开始做就业方面的准备;有的大学生甚至在高考填报志愿时,就已经开始考虑将来的就业问题;还有部分大学生在校学习期间就时刻关注市场需求,积极考取相关资格证书,为将来的就业竞争准备筹码。

② 择业趋于理性。

很多大学生认为"找工作的过程是一次必要的人生历练,可以丰富人生经验并使自己更加成熟",还有不少大学生认为"找工作的过程使自己的生活态度变得比较积极"。当代大学生能面对择业现实,具备成熟、积极、健康的心态。

③ 价值取向多元化,务实主义明显。

当前,大学生在择业过程中的价值取向多元化。绝大部分大学生将个人发展前景、需要与兴趣作为择业的首要考虑因素,这表明大学生越来越遵从内心,希望实现个人价值;薪酬福利是次要考虑因素,这表明大学生注重实际经济效益;第三考虑的因素是工作区域,这表明大学生的城乡观念意识比较严重。大学生在择业时体现务实主义。

④ 期望值过高,定位不切实际。

由于对自我的了解不够深入,以及对就业形势、就业环境等方面缺乏全面、客观的了解。有的毕业生对自己未来职业的期望值较高,把经济收入放在重要位置,希望在条件好、经济效益好、发展空间比较大的单位就业;有的毕业生非事业单位不去,非知名大公司不去,希望短时间内升职加薪;还有的毕业生认为自己学习成绩不错、能力强,对择业抱有过高的期望,一旦被用人单位拒绝或就业不如意,心里就产生挫败感。

⑤ 寻求稳定职业与自主创业并存。

有的大学生在择业时受多方面因素的影响,不敢承担风险,追求工作稳定;有的大学生有自己独特的规划,具有创新意识,通过自主创业,不断探索实践,寻求发展。

(3) 大学生择业心理的影响因素

① 客观因素。

· 社会环境因素。社会环境是影响大学生择业心理的重要因素。社会环境因素是指社会的政治体制、经济环境、人事政策、职业制度、社会习俗、职业的社会评价等。这些社会环境因素决定了社会职业的数量、结构和层次,同时也决定了人们对不同职业的接受或赞誉的程度。比如:毕业生受到爱国主义精神的熏陶,以国家、民族利益为重,自愿到祖国最需要的地方。

· 学校教育因素。当前,双向选择就业制度较好地解决了人才的合理使用问题,从而调动了大学生自主择业、自我发展的积极性。但双向选择就业制度目前还没有能够很好地解决人才资源的合理配置问题。在经济利益的驱动下,一些大学毕业生将向有利于自身的方向选择,而较少考虑社会需要。因此,当前高校应加强毕业生择业心理的辅导和教育,帮助大学生树立正确的劳动观、职业观和价值观,理解自己的能力倾向、专业和职业兴趣、职业价值观,了解就业政策和择业的技巧,正确处理职业兴趣与社会需要之间的关系,提高大学生的择业决策能力。同时,高校面对当前就业市场,要合理设置专业,提高办学质量,增加大学生就业竞争力。培养符合社会需要的人才是高校教育改革的主要课题。

· 家庭因素。家庭是个人接受社会化教育的第一所学校,因此家庭的经济条件、父母对子女受教育程度的重视,以及父母亲友的职业对大学生的职业理想和职业目标都会产生直接影响。中国人自古就具有浓厚的家庭观念,许多毕业生认为择业应该尊重父母的意见,以报答父母的养育之恩。所以,很多毕业生在择业时会考虑地域、职业类型等,这很大程度上取决于父母的态度。

② 主观因素。

主观因素是指个体自身的特征,对择业行为产生影响。一般来说有以下五种。

· 认知方式。认知方式是在认知过程中表现出的固定认知模式,包括感知、记忆、思维、想象等方面的特征。认知方式对于大学生择业时扬长避短很有参考价值。

· 气质。一般来说,具有不同气质的人对职业有不同的适应性,同时,不同职业对人的气质要求也不同。每个人的气质都有长处,也有其短处,大学生在择业时要考虑自身的气质特征所适合的职业(表 3-1)。

表 3-1 不同气质类型适合的职业

气质类型	气质表现	适合的工作
多血质（活泼型）	活泼、好动、敏感、反应快、灵活性强,易于适应环境变化； 善于交际、积极主动、热情大方、善于推销自己、在工作学习中精力充沛而且效率高； 注意力不稳定,兴趣容易转移；无恒心,受不了一成不变的生活	适合需要交际的职业。如记者、律师、公关人员、秘书、艺术工作者等
黏液质（安静型）	反应比较缓慢,坚持而稳健地辛勤工作,固定性有余而灵活性不足； 沉着冷静、稳定,能克制冲动,严格恪守既定的工作制度和生活秩序； 情绪不易外露,善于忍耐,目标确定后,具有执着追求、坚持不懈的韧性	适合医务、图书管理、会计、翻译、教师、营业员等工作
胆汁质（兴奋型）	情绪兴奋、性急、易冲动、行动敏捷、反应迅速而有力； 主动性强,热情投身事业,有坚忍不拔的劲头克服困难； 任性、易发脾气；不善于考虑可行性	适合竞争激烈、冒险性和风险性强的职业,如运动员、改革者、探险者等
抑郁质（抑制型）	感情细腻、谨小慎微,易感性,对外界事物敏感,思考得多； 细致,善于察觉到别人观察不到的微小细节,思维周密,有步骤、有计划； 行动表现上迟缓,有些孤僻；遇到困难时优柔寡断,面临危险时极度恐惧；工作中耐受能力差,容易感到疲劳	适合从事理论研究工作等

- 性格。性格影响大学生对职业的选择,同时,不同职业对从业者的性格要求也不同。实践证明,性格可以促进能力的形成和发展,从而间接影响职业活动。"笨鸟先飞""勤能补拙"说明了良好的性格特征可以起到补偿作用。
- 兴趣。每个人都有自己的兴趣、爱好。兴趣对职业选择、职业成就有重要影响。俗话说:"兴趣是最好的老师。"个体如果按照自己的兴趣选择了某种职业,兴趣就会成为强大的推动力,有助于个体取得成就；个体如果对所从事的职业不感兴趣,就会影响工作的积极主动性,影响工作成就的获得。
- 外形相貌。外形相貌与第一印象息息相关。个体的性别、年龄、身高、体重、容貌、身体状况都是择业、就业的影响因素。虽然国家提出相关政策与法规来维护就业人员的权益,但是,求职者因外形相貌因素被拒绝的歧视现象还存在。

另外,求职者的表达能力、沟通能力、工作经验、社会实践经历、毕业学校情况都会影响择业和就业。

【知识链接】

职业兴趣理论

1959 年,美国心理学家约翰·霍兰德提出了"霍兰德职业主题"(Holland Occupational Themes),也称"霍兰德密码"(Holland Codes)。该理论认为从人格类型来看,大致可分为现实型(realistic)、研究型(investigative)、艺术型(artistic)、社会型(social)、企业型(enterprising)和常规型(conventional)这六种类型。

六种类型可以按照一定顺序排成六边形,如图 3-1 所示。不同类型之间距离越近,一致性越高,如现实型和研究型的相似性高于现实型和艺术型。

该理论指出,不同职业类型的个体在生活、工作环境方面也存在差异,如果给予现实型的个体机会与回报,个体的职业幸福感指数就较高。但是,如果职业环境无法满足个体职业类型所需,那么个体的职业幸福感指数就较低,甚至可能会更换职业。

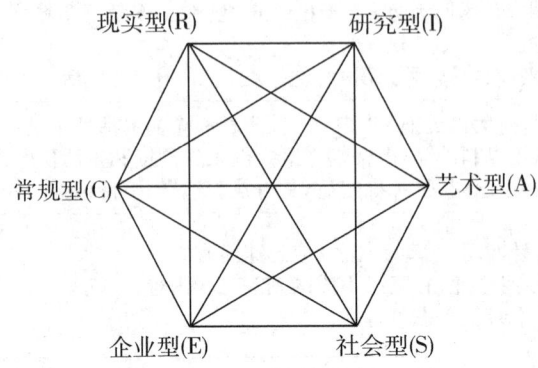

图3-1 人格—职业六角模型

霍兰德认为,特定的人格类型与特定的职业可以进行完美的匹配,见表3-2。如果人格与职业的匹配度较高,那么,个体会更加喜欢自己的职业,其职业发展道路也更加稳定。

表3-2 霍兰德人格—职业匹配

类型	人格倾向	典型职业
现实型(R)	特征:现实型的人具有顺从、谦虚、自然、坚毅、实际、害羞、稳健、重视物质等特征; 行为表现:喜爱实用性质的职业,如运动、机械、园艺、户外工作;避免社交性质的职业;重视具体的事物或个人明确的特征,如金钱、权力地位等	一般劳动者 农民 机械工 电器修理工 工匠 技术工
研究型(I)	特征:研究型的人具有谨慎、好奇、独立、聪明、内向、谦逊、理性、保守等特征; 行为表现:喜爱研究型的职业,喜欢观察、学习、批评、追根究底、分析、评估或解决问题;好学、有自信、拥有数学和科学方面的能力,但缺乏领导方面的才能;重视科学,讲究证据	工程师 化学家 物理学家 数学家 生物学家 地质学家 研究人员
艺术型(A)	特征:艺术型的人具有复杂、想象力强、冲动、独立、无秩序、情绪化、理想化、不顺从、创意丰富、不重实际等特征; 行为表现:喜爱艺术性质的职业,喜欢创新,依赖直觉,富有表达能力,拥有艺术与音乐方面的能力(包括表演、写作、语言、绘画、造型);重视美感的特质	诗人 作家 音乐家 戏剧导演 演员 室内设计师 画家 造型师 广告创意撰稿人

续表

类型	人格倾向	典型职业
社会型(S)	特征:社会型的人具有合作、友善、慷慨、乐于助人、仁慈、责任心强、善社交、善解人意、善于说服他人、富有洞察能力等特征; 行为表现:喜爱社会性质的职业,从事与人有关的工作;喜欢帮助别人、了解别人,有教导别人的能力,但缺乏机械与科学方面的能力;重视社会与伦理的活动与问题	教师 辅导人员 社会工作者 公关人员
企业型(E)	特征:企业型的人具有冒险、独断、冲动、乐观、自信、追求享受、精力充沛、善于社交、乐于获得注意、知名度高等特征; 行为表现:喜爱企划、领导、管理等;重视政治与经济上的成就	推销员 政治家 专业经理 企业主管 民意代表
常规型(C)	特征:常规型的人具有顺从、谨慎、保守、自制、服从、坚毅、实际、稳重、效率高、缺乏想象力等特征; 行为表现:喜爱事务性的职业,与数字和资料为伍,接受上司指示行事;擅长处理细节性事务;喜欢有规律的工作,有文书处理与数字计算能力;重视商业与经济上的成就	秘书 出纳 会计员 银行职员 行政助理 税务人员

(4) 择业心理的调适

① 自我激励。

自我激励主要指通过名言警句、生活中的哲理、榜样事迹等激励自己。大学生在择业过程中,当遇到困难或受挫时,要冷静思考、寻找对策,要相信自己的实力,通过自我激励增强自信心,保持良好的情绪和积极的心态。

② 适度宣泄。

当生活中遇到矛盾冲突,引起不良情绪时,应及时采取情绪宣泄法等进行心理状态的调整。比如:向亲人、朋友、师长倾诉,获得情感支持和理解,拓宽认识问题、解决问题的新思路,提高克服困难的信心;同时,也可以通过踢球、爬山等活动量较大的项目缓解心理压力,但应注意场合,适度宣泄。

③ 转移注意力。

转移注意力是指个体把注意力从消极情绪转到积极情绪上。当个体有不良情绪时,可以采取转移注意力的方法,如绘画、听音乐、唱歌、参加体育运动、欣赏大自然美景等。

④ 调整不合理信念。

个体的情绪困扰主要是由不合理的信念(非理性信念)造成的。因此,要以合理的思维方式代替不合理的思维方式,减少不合理信念带来的不良情绪。比如:有的大学生择业不顺利就怨天尤人,认为"提供的岗位太少""用人单位的要求过高",其原因就在于他只从客观方面找原因,认为"必须在短时间内找到理想工作""应该为大学生提供更多岗位"等。正是由于这些不合理的信念引发了不良情绪。

大学生在运用合理情绪疗法时要把握三点:第一,要认识到不良情绪是由自己的不合理信念造成的;第二,情绪困扰得不到缓解是因为自己仍然有不合理信念;第三,只有改变自己的不合理信念,才能消除情绪困扰。

【知识链接】

合理情绪疗法

合理情绪疗法又称理性情绪疗法、"ABC"理论,是由美国心理学家阿尔伯特·艾利斯提出的。其中,"A(activating event)"代表诱发性事件;"B(belief)"代表个体的信念,即个体对这一事件的看法、解释、评价;"C(consequence)"代表个体的情绪及行为结果。

人们通常认为人的情绪、行为反应是由诱发性事件引起的,即 A 引起了 C,但实际并非如此。"ABC"理论强调:A 只是引起个体情绪、行为反应的间接原因,而 B 才是引起个体情绪、行为反应的直接原因,个体的情绪、行为反应与个体对待事物的认知和看法有关。不合理的信念会导致不适当的情绪和行为反应。

常见的不合理信念(非理性信念)主要包括以下三方面。

① 绝对化要求:个体从自己的意愿出发,对某一事物持有必定会发生或不会发生的信念。常常表现为"必须""一定""应该",如"我必须获得成功""别人应该对我好"。

② 过分概括化:不合理信念是一种以偏概全的不合理思维方式,就好像以一本书的封面来判断它的价值一样。

③ 糟糕至极:不合理信念是一种把事物的可能后果想象、推论为非常可怕、糟糕的,甚至是灾难性结果的非理性信念。比如:经历一次失恋后就认为"自己再没有幸福可言了",经历几次求职失败后就害怕"自己今后再也找不到工作了"。

⑤ 自我安慰。

大学生在择业过程中常常会遇到困难或经历挫折,当自己经过多次努力仍无法改变结果时,可以通过适当的自我安慰,告诉自己"亡羊补牢,为时不晚""塞翁失马,焉知非福",以此缓解焦虑、抑郁、烦恼、失望等情绪。

调适择业心理的方法还有很多,如深度呼吸法、松弛练习法、瑜伽练习等。但最根本的是大学生要树立正确的择业观,对择业充满信心,培养乐观豁达的心态,不惧怕困难和挫折,保持积极向上的精神状态。

二、大学生职业生涯规划

(一)职业生涯规划的概念

职业是我们谋生的手段,为我们的成长发展提供平台。职业生涯规划是对自己未来职业进行的计划和安排,是在对主观因素和客观因素进行分析的基础上,对个人的职业进行规划,确定职业目标,并努力实现这一目标的过程。职业生涯规划不仅可以帮助我们找到一份合适的工作,它还有助于我们更好地了解自己,整合个人资源与优势,找到比较适合的生涯发展之路。

(二)职业生涯规划的内容

1. 自我评估

自我评估是指对自己的认识和了解,包括了解自己的气质、性格、兴趣、能力、理想、价值观、优势与劣势等,通过对自己进行全面、综合分析,达到职业的最佳匹配。

2. 职业生涯机会评估

职业生涯机会评估包括内部环境和外部环境评估。个人在进行职业生涯规划时,首先,要了解宏观环境,包括社会环境、经济环境、政治环境等,如社会各行业对人才的供给、需求状况、国家出台的相关政策等;其次,要了解职业所处的行业环境,包括行业的发展特点、发展状况、人才需求、就业渠道、未来发展前景等;最后,要了解工作环境,包括单位实力状况、企业文化制度、工作内容、所需的职业能力、薪酬待遇、晋升发展机会等。

3. 职业生涯目标的设定

在完成前两步的基础上,我们要对未来职业发展作出选择,初步确定合适的职业发展目标,这是职业生涯规划的关键。职业生涯目标按时间维度来划分,通常分为:终生目标、长期目标(5~10年)、中期目标(3~5年)和短期目标(1~3年)。需要注意的是目标在设定过程中要明确具体、可评估;挑战性与可行性并存;目标之间有关联性。要设定实现目标的具体时间,时间越精确,越有利于目标的完成。

4. 职业生涯策略的制订与实施

在设定职业生涯目标之后,需要制订与之相匹配的发展策略及实施计划,并尽快落实,保障目标顺利实现。

5. 职业生涯规划的反馈与修正

任何规划都需要接受实践的检验,从而不断修正和调整,不断向目标前进。但是,在实施生涯规划的过程中,由于种种不可控原因,目标也会被修正,通常很难制定出一个终身目标。

(三)**生涯发展阶段模型**

1. 生涯发展阶段

1953年,美国著名的职业生涯规划大师唐纳德·E.舒伯提出了生涯发展阶段理论,他认为人生的职业发展主要经历五个阶段,每一个阶段有特定的发展任务,一个阶段的完成状况影响后一阶段的发展。

(1)成长阶段

从出生至14岁这个阶段,个体开始认识自我、发展自我概念,对周围人的角色有初步的认识。该阶段主要的发展任务是塑造自我形象,树立对世界的正确态度,并了解工作的意义。

(2)探索阶段

在15~24岁这个阶段,个体通过学校的学习、社团活动、社会实践等途径,对自我能力、角色、职业等方面进行探索,在选择职业时有较大弹性。这个阶段主要的发展任务是职业偏好逐步具体化、现实化。

(3)建立阶段

在25~44岁这个阶段,个体开始尝试建立自己的职业角色,在经过努力工作后,继续保持学习状态,稳固自己的职业"位置"。这个阶段主要的发展任务是建立、整合、稳定、上进。

(4)维持阶段

在45~65岁这个阶段,个体仍希望继续维持工作"位置",同时,也会面对新的挑战。这一阶段的主要发展任务是维持已有的成就、地位。

(5)衰退阶段

65岁以后,个体生理机能、心理机能逐渐衰退,开始退出职业角色,寻求新的生活方式以替代和满足需求。

需要注意的是,因个体存在差异,每个人的职业生涯发展具有独特性,而且可能会受到多方面因素的影响,如个人兴趣、能力、教育背景、家庭环境、社会经济状况等。因此,需要根据个人实际情况进行生涯发展的分析和规划。

舒伯后来修正了关于个体发展任务的观点:个体的生涯发展都要经历成长阶段、探索阶段、建立阶段、维持阶段和衰退阶段的循环过程(表3-3)。如个体在毕业之后,要适应新环境,进行角色定位。个体在一个阶段的成长、探索之后,又会面临下一阶段,继续成长或者另谋职业。该理论认为,适应的一切将慢慢衰退,而个体将面对下一个阶段的循环。

表3-3 舒伯的生涯发展任务循环表

生涯阶段	年龄			
	青年期 15~24岁	成年初期 25~44岁	成年中期 45~65岁	成年晚期 65岁以上
成长阶段	发展适合的自我概念	学习与他人建立关系	接受自身的限制	发展非职业性的角色
探索阶段	从许多机会中学习	寻找心仪的工作机会	确认有待处理的新问题	选个良好的养老地点
建立阶段	在选定的职业领域中起步	确定投入某一工作,并寻求职位上的升迁	发展新的应对技能	完成未完成的梦想
维持阶段	验证目前的职业选择	致力于维持职位的稳固	巩固自我以对抗竞争	维持生活的兴趣
衰退阶段	从事休闲活动的时间减少	减少体能活动的时间	集中精力于主要的活动	减少工作时间

2. 生涯彩虹图

舒伯把角色理论加入其生涯发展模型中,提出了发展阶段与角色相互作用的生涯彩虹图,如图3-2所示,它形象地展现了生涯发展的时空体系。在生涯彩虹图中,横向层面代表的是个体横跨一生的生活广度,也称为生涯"大周期",外层显示了个体主要的发展阶段和大致估算的年龄,主要包括成长阶段、探索阶段、建立阶段、维持阶段和衰退阶段。纵向层面代表个体的

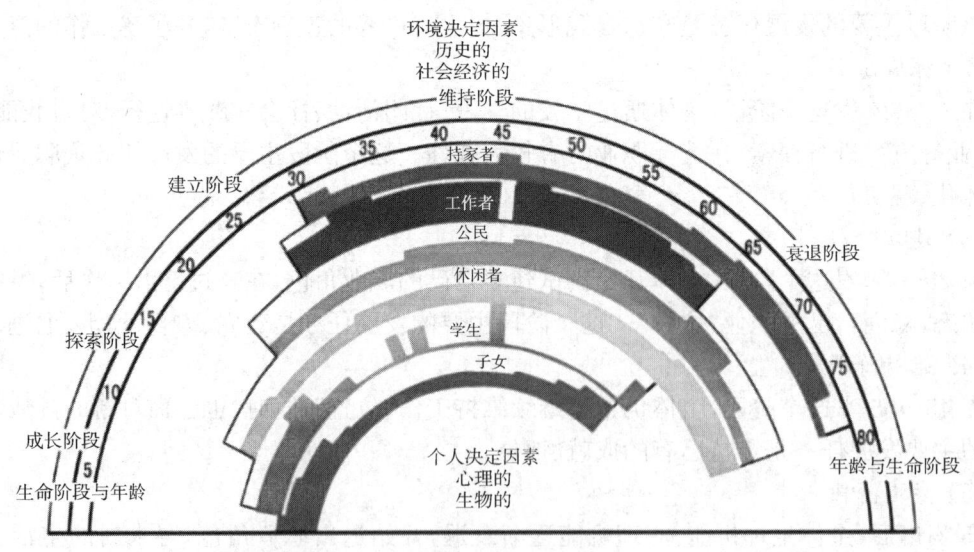

图3-2 生涯彩虹图

生活空间,主要包括职位和角色,该理论认为个体在人生中主要扮演九种角色:子女、学生、休闲者、公民、工作者、夫妻、家长、父母和退休者。图中未列出"退休者",而"夫妻""家长""父母"则并入"持家者"。

个体在每个阶段对角色的投入程度用不同颜色表示:颜色面积越大,表示对该角色投入的程度越高;空白越多,表示对该角色投入的程度越低。生涯彩虹图让我们更好地了解自己在不同人生阶段扮演的角色和承担的责任,以及如何取得平衡。

个体一生的角色主要体现在家庭、学校、社区、工作场所。不同角色之间相互作用,相互影响,一个角色的成功可能会促进其他角色的成功。但是,如果为了某一角色而付出太多,有可能导致其他角色的失败。

(四)职业角色的适应

1. 培养职业角色意识

大学生培养职业角色意识主要包括提升个人职业技能、遵守职业道德与行业规范、转换思维方式、培养职业人的生活习惯等。

2. 做好职业心理准备

刚入职的大学生可能会遇到一些心理不适应的情况(如职业期待与现实环境之间的差距),导致大学生心理落差较大,产生挫败感;职业技能的欠缺,对工作环境和制度的不熟悉,工作中易出错而引起的尴尬、自卑感也经常困扰大学生;不被重视、付出与收入不成正比的困窘,对未来发展方向的迷茫等都会影响大学生的职业生涯发展。因此,要在入职之初做好心理准备。

3. 把握职业角色适应的关键期

大学生为尽快实现从学生角色向职业角色的转变,为人生发展做好规划,应主要把握以下两个关键时期:第一,毕业前的实习期;第二,入职后的岗前培训期。在实习时和入职后要多向有经验的领导、同事请教。比如:实习期职业角色的适应主要包括提前规划,做好上班准备;积极主动与人交流,储备经验;拓宽渠道,了解工作职责;全力以赴,进入工作状态。

【拓展阅读】

你在为什么工作?——职场上的"德西效应"

1971年,心理学家德西做了一个实验。他让大学生在实验室里解答非常有趣的智力问题。在第一个阶段,所有的大学生都没有奖励。在第二个阶段,他把大学生分为两组,当第一组大学生完成一个难题时,就会获得1美元报酬,而第二组大学生没有任何报酬。在第三个阶段,他让所有的大学生都自由活动,放松休息一会儿。然后,再询问这些大学生是否愿意继续答智力问题。结果发现,在得到报酬的第一组大学生中,很少有人愿意继续答题(动机降低),而在没有得到报酬的第二组大学生中,却有更多的人愿意继续答题。

这说明在某些情况下,在外在报酬(物质奖励)和内在报酬(成就感与答题的快乐)兼得时,不但不会增强个体的工作动机,反而会减弱个体的工作动机。人们把这种现象叫作"德西效应"。由此推断,在进行一项愉快的活动时,如果同时提供外部的物质奖励,反而会降低这项活动的吸引力。

同学们,你愿意为了什么而工作呢?是为了拿到丰厚的报酬而工作,还是愿意在职业兴趣的驱动之下工作呢?

第四章
学习心理

第一节 学习心理解析

联合国教育、科学及文化组织(简称"联合国教科文组织")的埃德加·富尔先生预言:"未来的文盲不再是不识字的人,而是没有学会怎样学习的人。"一个人倘若不懂得学习,不会学习,不爱学习,那么,他在未来社会中不具有竞争的实力。因为懂得学习是开启智慧之门的钥匙,爱学习可以使人以不变应万变,而厌学则会让人生之路越走越窄。

高中有些教师会说:"你们现在好好学习,等上大学后就可以好好玩了。"等上了大学之后,有的学生松懈下来,或沉迷于游戏,或热衷于社交,不知不觉度过了大学的时光。事实上,大学的时光在人生中非常宝贵,如果珍惜时间,努力学好课内外知识,对大学生自身的发展将非常有益。提升大学生的学业成绩,一直是高校教育工作者关注的话题和努力的方向。

一、学习的概念

(一)学习的定义、类型与作用

"学习"是一个日常生活中使用频率很高的词语,通常意义上的学习往往限于知识、技能的学习,而心理学中所研究的学习,其内涵远远超过了知识、技能的范畴。

1. 学习的定义

现代心理学家认为,学习有广义和狭义之分。广义的学习是指个体在活动中,通过经验引起的行为或心理的相对持久变化的过程。狭义的学习仅指学生在学校里的学习。通常所说的学习主要指狭义的学习,即学生在教师指导下进行的有目的、有计划、有组织、系统地掌握知识、技能,发展个体的智力和能力,培养个性和思想品德的过程。学习不仅包括知识、技能、策略的学习,也包括态度、行为准则的学习。

2. 学习的类型

(1)潘菽的分类

我国著名心理学家潘菽从学校实际出发,依据学习内容、学习结果,将学习划分为:①知识的学习,主要包括知识的感知和理解等;②技能和熟练的学习,主要指运动的、动作的技能和熟练;③心智的、以思维为主的能力的学习;④道德品质、行为习惯的学习。

(2) 本杰明·布卢姆的分类

美国教育心理学家本杰明·布卢姆以教育任务为出发点,将教育目标分为认知、情感、动作技能三大领域。其中,认知领域的学习分为六类:①知识(对先前学习材料的记忆);②领会(把握材料的意义,可以借助转换、解释和推断来领会材料);③应用(将习得的材料应用于新的具体情境);④分析(将整体材料分解成它的构成成分并理解组织结构);⑤综合(将部分组成新的整体,强调的是创造能力);⑥评价(对材料作价值判断的能力)。

(3) 罗伯特·米尔斯·加涅的分类

美国心理学家罗伯特·米尔斯·加涅根据学习结果,将学习划分为五类:

① 言语信息的学习:指能陈述用语言文字表达的知识;

② 智慧技能的学习:指运用符号办事的能力;

③ 认知策略的学习:指对内的控制与调节自己的认识活动的技能;

④ 运动技能的学习:指习得的、协调自身肌肉活动的能力;

⑤ 态度的学习:指习得的、决定个人行为选择的内部状态。

加涅又将以上五种学习划分为三个领域,前三种学习属于认知领域(包括知识和策略),第四种学习属于技能领域,第五种学习属于情感领域。

3. 学习的作用

从生物进化角度来看,学习是有机体适应环境的手段。由于外界环境不断发生变化、世界日新月异,我们要更好地生存和发展,推动世界进步,就需要不断适应环境。当个体原有的知识、经验不能适应发展与变化时,我们就需要学习。人类发展史也是人类学习史,学习与人类生存、社会发展同步。

(二) 学习的主要特点

1. 学习的主观能动性更加突出

中学生的学习对教师有较大依赖性,大学生的学习在学习内容、学习时间、学习方法等方面更强调学习的主观能动性,主要表现在以下三个方面。

(1) 学习内容具有较大的选择性

与中学生相比,大学生可以根据自己的兴趣、爱好、特长等选择学习内容。而且,不同的课程对学生的要求是不相同的,有的需要学生牢固掌握,有的只要学生作一般的了解。这些都给了学生很多自我选择的空间,有利于学生个性的发展。值得注意的是,大学生在选择课程学习内容时需要考虑学科内容与职业的匹配度、学科的实用性、职业前景、个人发展等方面。

(2) 学习时间的自由支配性

大学生的课堂教学往往是提纲式的,课堂上主要涉及教学难点、重点、关键点,注重以学生为中心的学习,学生的学习时间比较宽裕。大学生可以阅读各种参考书和文献,扩大并补充在课堂所得的知识;或听自己喜爱的选修课和专题讲座,以加深自己的专业知识或扩大知识范围。

(3) 注重知识活化能力

知识活化能力也就是知识应用能力。众所周知,不去活化凝固的知识,不用它去解决实际问题,知识再多也没有用。如何活化凝固的知识呢?唯一的途径就是实践。大学生的学习不仅是知识的积累,更是知识的运用。如大学生的课程设计、毕业设计、毕业论文等,都注重知识的运用。

2. 职业定向性与专业性相结合

大学生学习的职业定向性较为明确,是为将来走上工作岗位,适应社会需要所进行的学习;专业与大学生未来职业生涯紧密联系,大学生既要了解本专业的前沿知识,又要掌握与专业相关的基础知识。

大学生学习的专业性随着社会要求的变化与发展而不断深化。这种专业性通常只是一个大致方向,而更具体、更细致的专业目标是在大学阶段的学习过程中或者是在将来工作后,才能最终确定下来。因此,大学生在学好专业知识外,还应根据自己的能力、兴趣、爱好,选修或自学其他课程,扩大知识面,为更好地适应工作打下良好基础。

3. 学习途径和方法多样

除课堂学习外,大学生还要进行实验实训、实践活动、社会调查以及咨询服务等。通过各种学习途径,大学生不仅可以锻炼实践能力和社交能力,而且能为今后就业打下坚实基础。大学的学习不仅是知识、专业的学习,更重要的是掌握学习方法、学习策略,提升学习能力,促进自我成长与发展。

从总体来看,大学生能较好地掌握科学的学习方法,在课余时间,通过图书馆、新媒体、社团活动来拓宽知识面,但是,在课前预习,课中融会贯通,课后归纳总结、温故知新等方面仍存在问题。

【案例分析】

如何有效阅读

杨楠(化名),女,19岁,大二学生,自述最近被如何有效阅读的问题困扰住了。她也知道经典的书是要精读的,有些书是泛读的。可是,她就是不知道怎么泛读,又担心漏掉一些重要信息,反反复复,也感觉浪费时间。她跟同学们交流过,但每个人都有自己的阅读方法,不知该怎么办……

分析: 这位同学的问题比较普遍,即因不知该如何泛读而产生焦虑心理。当我们拿到一本书时,可以尝试着按照浏览—发问—阅读—复述—复习的方法去阅读,还可以根据学习目的、当前的学习任务来决定阅读方法。泛读过程中信息被遗漏是不可避免的,如果可以的话,要反复读,指望读一遍就得到很好的效果往往很难。

4. 更高的探索性和研究性

大学生学习不仅要掌握知识,而且要掌握科学的研究方法,培养分析问题、解决问题的能力,同时,要了解学科发展前沿,对未知领域进行探索。与中学教育相比,大学的教育更强调主体性教育,更强调合作、探索、开放;课程的主体由教师转变为学生;教学材料由单一课本变为视频、音频等多样化的材料;教学方式则由单向讲课转变为启发式、互动式、体验式等多种形式;教师在教学中强调"发现"知识的过程,强调创造性解决问题的方法和形成探究的精神,而不是简单地获得结果等。

二、学习中常见的心理现象

(一) 高原现象

高原现象也叫"学习曲线",有时又称"练习曲线",指在学习技能的形成过程中,表现练习次数与练习成绩之间关系的曲线。在一种技能的形成过程中,往往由于练习方法没有及时改进,某一阶段的练习成绩出现停滞现象。在练习曲线上出现接近平直的一部分线段,叫"高原期",只有在个体练习方法改进后,练习成绩才会有所提高,如图4-1所示。

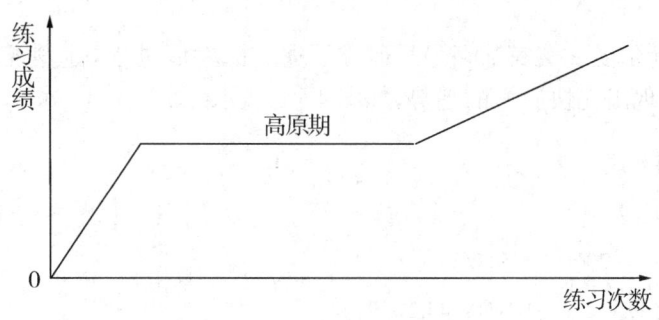

图4-1 高原现象

高原现象的产生主要有两方面原因。一是个体学习成绩的进一步提高需要改变旧的学习结构和学习方法,采用新的学习结构和学习方法。在个体没有转变之前,个体的成绩就会处于停滞状态,甚至还可能暂时下降。当完成了转变之后,成绩又会提高。二是个体在一段时期的学习之后,身体疲劳、学习兴趣降低、学习倦怠等。但如果学习结构较简单,又不存在个体主观方面的原因,在练习过程中就不会产生这种现象。另外,个体在掌握技能的过程中,尤其在掌握动作技能的过程中,当达到较高水平时,会出现成绩相对稳定、呈曲线上升甚至停滞的状态。但实际上,一个人所掌握的各种技能并没有达到"极限",个体的潜力是很大的,大学生尤其如此。

【案例分析】

我的学习效果不如以前了

张凯(化名),男,19岁,大二学生,在经历了一学年无约束的学习生活以后,他下定决心开始好好学习,可是他感觉最近一段时间,自己的学习效果并不理想。他开始怀疑自己的学习能力,于是来找心理咨询师进行咨询。

心理咨询师经过对张凯学习方式的了解,发现他进入了学习"高原期"。大学的学习内容、学习方式与以前有很大差别,而张凯还采用以前高中时的学习方法,对于大学的学习方法还没有很好地掌握,因此,张凯虽然用功学习了,但是学习效果不太理想。

分析: 大学生要尽快适应大学生活,改变学习方法,采取有效的学习策略,特别要改变以记忆为主的学习方式,学会在理解和记忆的基础上掌握知识;从多个角度看待问题,制订科学的学习方法和学习计划;适当练习并勤思善问,提高自主学习的能力,有信心、有耐心,逐步度过学习"高原期"。

(二)遗忘现象

遗忘是大学生在学习过程中最大的困扰,尽管每个人都经历过遗忘,这属于正常现象,但对于绝大多数大学生来说,遗忘令人烦恼。

遗忘实质上就是为了减少痛苦或减轻记忆负担而自动清空大脑。理想的记忆状况是经过学习,记住该记住的,忘掉该忘记的。遗忘是指对经历过的事物不能重现和再认,或者是错误地重现和再认的现象。遗忘分为暂时性遗忘和永久性遗忘。暂时性遗忘指一时不能重现和再认记忆过的材料,但在适当的条件下可以恢复;永久性遗忘指必须经过重新学习才能恢复记忆过的材料。

德国心理学家赫尔曼·艾宾浩斯最早研究了遗忘的发展进程,他发现遗忘在学习之后立即开始,遗忘进程呈现出先快后慢的趋势,如图4-2所示。

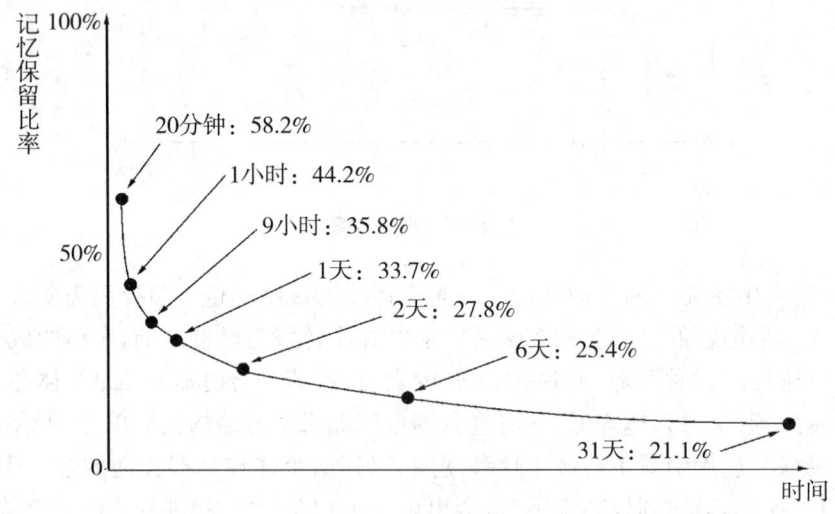

图4-2 艾宾浩斯遗忘曲线

遗忘不仅受时间因素的影响,还受许多其他因素的影响。

1. 学习材料的性质和编排序列

一般来说,学习有意义的材料后的遗忘速度要比学习无意义的材料后的遗忘速度慢得多。在单位时间里,学习的材料越多,遗忘速度也越快。对先学和最后学习的材料内容易记,对中间学习的内容易忘,这就是序位效应。

2. 学习材料的相似度

当两种学习材料性质相近时会产生两种记忆现象。一种是前摄抑制,就是先学习的材料对后续学习材料的识记发生干扰的现象;另一种是倒摄抑制,即后学习的材料对先前学习材料的识记发生干扰的现象。因此,对于两种性质相近的学习材料应在较长的时间间隔内学习,才能取得较好的学习效果。

3. 学习程度

凡是对所学习的材料不能达到准确背诵的水平,就是低度学习;如果对学习材料能准确背诵而且仍然继续保持一段时间,就是过度学习,过度学习的最佳程度是150%。低度学习的材料相对容易被遗忘,过度学习的材料记忆保持效果要好一些。但过度学习会出现"报酬递减"

的现象,即每背诵一次,能保持记忆的时间就短一些。因此,在保证学习效果时还要综合考虑精力、时间等方面的要素。

4. 学习者的态度、情绪以及健康状态等机体因素

我们提倡积极正面的态度和情绪,从饮食方面来说,蛋白质摄入充足,会增强记忆的效果。

【知识链接】

前摄抑制与倒摄抑制

前摄抑制,也称前摄干扰,在认知心理学中指先学习的材料对记忆之后学习的材料的干扰作用。倒摄抑制,也称后摄干扰,指后学习的材料对记忆之前学习的材料的干扰作用。比如:当我们学习英语单词时,我们以前学习过的汉语拼音对我们的记忆有干扰,这就是前摄抑制。当我们能熟练使用英语单词时,英语单词又对我们回忆汉语拼音有干扰,这就是倒摄抑制。

前摄抑制和倒摄抑制一般是在学习两种不同但又彼此类似的材料时产生的。但是,在学习一种材料的过程中也会出现这两种抑制现象。比如:识记一个较长的段落或一篇文章,一般个体容易记住材料的首尾,不易遗忘,而对中间部分则常常较难识记,也容易遗忘。这是由于识记材料的开端部分只受倒摄抑制的影响,末尾部分只受前摄抑制的影响,而在识记中间部分时则同时受这两种抑制的影响。

为了巩固记忆,在学习时,应当考虑前摄抑制和倒摄抑制的作用,尽量使前后相邻接的学习活动在内容方面不同,就会得到较好的学习效果。

【案例分析】

因学习效果不是很理想而发愁

刘琳(化名),女,18岁,大一学生。自述进入大学后,不仅学习课本上的知识,而且搜集所学知识相关资料,这些成了她经常要做的事情。但她感觉资料收集了不少,时间也花了很多,可考试成绩仍然没有提高。她表面上学习很用功,可对于搜集来的资料都是复制、粘贴、收藏,根本就没仔细阅读过,也无暇顾及。

分析:自主选择与所学知识相关的资料是大学生学习中应该掌握的技能。但从本案例可以看出,当代大学生在学习中普遍存在一些问题:一是贪多,短时间里搜集太多的资料;二是没有充分的时间来及时消化资料;三是缺乏思考辨析能力;四是缺乏时间管理的技巧。大学生应该留点时间好好阅读和思考,要增强学习的目的性,增强对资料的鉴别力,要求真务实。选择资料时要按照重要性来分出等级,规划好精读的时间,边读边思考,充分发挥资料的有效性。

(三) 迁移现象

迁移是学习过程中一个有趣的现象,它关系到个体学习的有效性。迁移是指先前学习对后续学习的影响,或者是一种情境的学习对另一种情境的学习的影响。

迁移有正迁移和负迁移两种情况。先前学习对后续学习产生有效的促进作用,称为正迁移。先前学习如果干扰、阻碍、削弱了后续的学习,则称为负迁移。如果先前学习对后续学习没有发生任何影响,称为零迁移。迁移的代表性理论主要有以下三种。

1. 形式训练说

心理由若干官能(如记忆、推理、意志等)组成,并且这些官能可以通过学习一些特殊的科目而得以锻炼和改善,就像体育锻炼可以强身健体一样。该理论认为学习的内容越难,官能得到的训练越多、越有效。

2. 共同要素说

19世纪末20世纪初,桑代克和伍德沃斯提出共同要素说,又称相同要素说。该学说认为一种学习之所以有助于另一学习,是因为这两种学习都具有相同的因素,不论学习者是否觉察到相同的因素,都会发生学习迁移。

3. 概括化说

贾德认为,只要个体对经验进行了概括,就可以完成从一个情境到另一个情境的迁移。

贾德的观点是从一个水中打靶实验得来的。他给A组的儿童讲解了光学折射原理,对B组儿童不进行讲解。然后,在射击水中物体的测验中,对于水中不同深度的目标,A组儿童比B组儿童更能够在射击时作出适当的调整,成绩要好很多。这说明对于理论的学习,有助于迁移的形成。

【知识链接】

PQ4R 学习方法

PQ4R方法是一个有效的、能帮助学生理解和记忆的学习方法,即预览(preview)、设问(question)、阅读(read)、反思(reflect)、背诵(recite)、回顾(review)。

1. 预览

对材料的基本组织、内容有初步的了解,从中找出学习信息。

2. 设问

向自己问一些问题。比如:根据文章标题用"谁""什么""为什么""哪里""怎样"等疑问词分段提问。

3. 阅读

仔细阅读材料,回答自己提出的问题。

4. 反思

把信息与已知事物联系起来,努力理解主要概念及原理,尝试用这些材料去解决联想到的类似问题。

5. 背诵

尝试回忆材料所包含的知识,尝试着回答自己所提出的问题。如果不能充分回忆,就重新阅读记忆困难的部分。

6. 回顾

学完全部材料后,默默回忆其中要点,再次尝试去回答自己所提出的各个问题。

PQ4R方法可以使个体集中注意力组织信息,并使用其他有效的策略,如提出疑问、精细加工和过一段时间后复习等。

三、有效的记忆方法和记忆管理策略

人脑的记忆容量相当于5亿本书的知识容量,而一般人只用了10%左右。每个人的记忆潜能都是巨大的,就看我们是否善于管理和激发。

(一)有效的记忆方法

个体的记忆方法直接影响学习效果。良好的记忆方法建立在符合记忆规律(观察、思考、理解)的基础上,个体要主动对需要记忆的内容进行联想。根据艾宾浩斯遗忘曲线可以看出,复习是增强记忆力最有效的方法。常用的复习方法主要有以下八种。

1. 尝试回忆

当"记"和"忆"的时间比例为1:4时,记忆效果最好。个体在记忆材料时,可以在背诵过一两遍之后就尝试着回忆,然后,再对比一下学习材料,看哪些地方要重点巩固,再次尝试回忆,如此反复,直到记住。

2. 合理分配复习时间

我们应合理安排复习时间,开始复习时,次数应较多,复习时间间隔要短一些,之后逐步减少复习次数,复习时间间隔要长一些。及时复习、及时巩固可以达到较好的效果。

3. 利用系列位置效应

在识记一系列材料时,位置对记忆效果有影响。开始部分、末尾部分的内容记得比较牢固,中间部分记忆效果较差。可将重要内容安排在学习材料的首尾部分。记忆效率最高的时间是清晨起床后和晚上睡觉前,我们可以充分把握这两段时间记忆重要内容。

4. 多通道记忆

我们可以通过多种感觉器官进行记忆,每种感觉器官的记忆能力不同,单独的感觉器官识记的效果远不如多种感官记忆效果好。个体通过视觉获得的知识占25%,通过听觉获得的知识占15%,若视觉、听觉二者结合起来,记忆效果达65%。因此,在记忆时,应尽可能应用多种感觉器官(眼看、耳听、口读、手写)并使其相互配合,增强记忆效果。

5. 多种记忆法

我们应根据记忆材料,灵活运用多种记忆方法,如分类记忆、谐音记忆、联想记忆、图表记忆以及编提纲、记笔记等记忆方法,增强记忆效果。

6. 集中注意力

我们在记忆时,如果能够聚精会神、专心致志,排除杂念与外界干扰,记忆材料就会在大脑皮层留下深刻的记忆痕迹而不容易被遗忘。如果注意力不能够集中,一心二用,就会大大减弱记忆效果。

7. 理解记忆

我们如果对学习材料不理解,即使花再多时间,也很难记住。在理解的基础上进行记忆,效果才更好。对于重要的学习材料,如果能做到理解与背诵相结合,记忆效果会更好。

8. 科学用脑

我们要学会科学用脑,在保证营养均衡、作息合理、体育锻炼适当等的基础上,防止大脑过度疲劳。同时,要保持积极乐观的情绪,提高大脑的工作效率。

（二）有效的记忆管理策略

1. 自我计划法

在有效的记忆策略中，个体可以尝试自我计划法。第一，统筹、合理安排时间。思考如下问题：利用一天中的哪些时间来进行记忆？记忆学习材料每一部分的时间如何分配？哪些地方需要重点记忆？第二，合理安排复习的间隔时间。第三，根据自己的记忆特点，结合记忆材料的特点来选择合适的记忆方法。第四，预估在记忆中可能遇到的困难，并提出相应的应对策略。第五，设置奖励和惩罚，以及具体改进措施。

很多大学生都有自己制订学习计划的好习惯，但往往"计划赶不上变化"，容易使大学生产生挫败感。我们可以先查看一下自己的计划是否详细，实现的难度大不大，并进行适当调整。比如：可以在每天晚上睡觉前看一下有没有完成计划。如果完成了，就给自己一个奖励，既提高了计划执行效率，又增强了自信心。

2. 自我记录法

我们可以根据材料的性质、自己记忆的特点来进行提问：记忆材料的难易程度如何？记住它大概要花多长时间？可以使用哪些记忆策略？现在记住了多少？方法需不需要改变？如何才能防止过快遗忘？下次应该注意哪些方面？或者也可以制作一张计划表，逐项核对，逐项打分，便于下次改进，增强自我效能感。

四、影响大学生学习的因素

（一）学生个体

第一，大学与中学的学习环境和学习方法有很大的差异。进入大学后，很多学生依然沉浸在中学时的学习模式当中，不能及时调整学习方法和学习模式。同时，大学里的课程学习具有一定的独特性，更专业、更自主、更灵活，大学生一时难以适应，从而影响了学习的实际效果。

第二，部分学生对学习缺乏兴趣和积极性。在实际教学中，一部分学生对所学专业缺乏全面而深刻的了解，因此，在实际学习中，难以产生浓厚的学习兴趣。

第三，缺乏一定的学习目标。进入大学校园，有些学生放松了，认为只要考试及格就可以，不用再努力学习。学习目标的缺乏使得学生的学习和发展都缺少了规划和前进的方向。

（二）学校与家庭

第一，学校方面对大学生学习有影响。在信息化时代，一些高校教育改革进程缓慢，教学模式和教学方法比较滞后，高校的专业教育不能很好地激发学生学习的兴趣和积极性。

第二，家庭方面对大学生学习有影响。家庭在人的成长过程中发挥着重要作用，学生的性格形成和思想的变化都离不开家庭环境的影响，和谐的家庭关系对学生的成长和学习都是有益的，而在不太和谐的家庭氛围中，学生的性格往往存在缺陷，在人际交往方面比较偏激和孤僻，一定程度上影响着学生的学习效率和学习质量。

（三）社会环境

随着科学技术的发展，我国已经进入了信息化时代，激烈的市场竞争环境使得社会对人才的标准逐渐提高，大学生就业面临着巨大压力。与此同时，互联网技术和信息技术的发展，促使大学生接触现实社会的机会逐渐增多，面临的各种诱惑也逐渐多起来，这不仅对大学生是一个考验，而且对大学生的学习也有影响。

第二节 学习心理调适

一、常见的学习困扰及原因

大学生在学习活动中,可能伴随着相关心理问题,下面将围绕大学生主要的学习困扰进行分析论述。

(一)学习适应不良

大学学习与中学学习不同。在学习目标上,从"为升入大学而奋斗"转变为"使自己成为优秀的技能型人才";在学习要求上,不再是局限于"拿到所有考试的高分",而是要掌握专业知识与能力,提高全面素质;在学习的自主性上,在上大学之前,主要由教师安排学生的学习活动,学生学习的自主性较小,而上大学之后,在很大程度上,学生自己安排学习活动,自主学习范围较大;从所学内容来看,中学学习的内容少而浅,大学学习的内容多而深;从学习时间来看,中学生自学时间少,大学生自学时间多;从思维方法来看,中学生多表现为模仿、记忆及对知识的一般理解,大学生多为创造性学习以及对知识的深层次理解。

然而,许多大学生还停留在中学阶段的学习定势中,如有的学生过于注重学业成绩而忽略德、智、体、美、劳方面的综合素质的提升;有的学生因没有调整学习方法而颇有压力;有的学生学习自觉性、主动性不强;等等。这些都属于学习适应不良。

大学生学习适应不良的主要原因是学习环境变化、学习方法不当、自主性不强等。

(二)学习动机不当

1. 学习动机不足

大学生学习动机不足主要体现在:①行为懒惰。有的大学生不愿意上课,不愿意动脑筋,不想完成作业,并经常找理由、找借口。②容易分心。有的大学生注意力不集中,不能认真听课,不能集中精力思考。③厌倦情绪。有的大学生对学习冷漠、畏缩,有厌倦的念头或行为,对学习感到无聊。④缺乏方法。有的大学生被动学习,找不到适合自己的学习方法。⑤独立性差。有的大学生没有明确的学习目标,有从众与依赖心理,缺乏独立性和创造性。

学习动机不足的原因有三个方面。一是对专业不感兴趣。二是学习目的不明确。有的大学生觉得学习是为了得到父母的夸奖、教师的赞扬、同学的羡慕;有的大学生认为学习是为了光宗耀祖;还有的大学生认为成绩好了就能衣食无忧。三是对学业失败的归因错误。有的大学生在学习失败后垂头丧气,错把偶尔的学习失败当作人生的失败。习惯性地把成功归结于运气,把失败归结于自己的智商或能力不足,这种错误归因使大学生常常有自责感,失去了学习的动力。四是缺乏学习成就感。学习成就感往往源于学习过程中成功体验的积累。但是,有的大学生习惯于看自己成绩不好的一面,也习惯与学习成绩好的大学生比较,结果越来越有挫败感。

2. 学习动机过强

大学生学习动机过强主要体现在:①学习强度过大。有的大学生几乎把学习当作大学生活的全部,刻意追求好的学习成绩与班级、年级排名,特别渴望得到家长、老师、同学的认可与表扬。②容易自责。有的大学生对自己的要求过分严格,当成绩不理想时,总觉得是自己的原因,埋怨自己学习不够努力。

学习动机过强的原因有两个。一是学习目标设置得太高,学业期望值过高,对自己的学习能力没有合理评估,导致大学生的自我效能感下降,心理压力较大。二是认知模式不恰当。有的大学生认为只要付出了努力,就一定会成功。把努力、勤奋看成是成功的唯一衡量标准,这是产生过强动机的基础。

【知识链接】

自我效能感对学生的影响

1982年,美国学者柯林斯做了一个实验。他按儿童实际数学能力的不同,把他们分成三组,把每一组数学能力相同的儿童又分为自我效能感高的一组和自我效能感低的一组,这样,就分成了六组被试,分别为三种不同数学能力水平及两种不同自我效能感水平的儿童的不同组合。柯林斯让他们解答数学难题,结果发现,在每种能力水平中,自我效能感高的儿童比自我效能感低的儿童能解决更多的难题。

(三)学习疲劳

学习疲劳是学习过程中常见的现象,一般由个体持续学习所致。学习疲劳主要表现为:身心疲惫、学习倦怠、注意力难以集中、学习效率低、记忆力下降、思维迟钝、情绪烦躁、厌学等。

通常情况下,个体经过适当的休息一般就可以得到恢复,对身心健康没有太大影响。但是,个体如果长期处于疲劳状态,就会导致大脑兴奋过程与抑制过程的失调,严重者可能引起神经衰弱。大学生学习疲劳的心理原因如下:

有的大学生报考时不了解所学专业,在进大学之后,感觉所学专业与自己想象中的专业相差甚远;有的学生感觉所学专业没有多少现实意义,内心急躁、焦虑,对专业的兴趣减弱,学习积极性、自主性也受到影响;大学生对事物的认知不太合理、不太全面,或者感觉十全十美,或者感觉一无是处,常常不能理性对待现实和理想之间的差距,导致学习动机缺乏。

(四)考试焦虑

考试焦虑是指考生在准备考试或考试过程中预感考试失利,或对考试结果没有把握而产生的焦躁不安的状态,表现在情绪、认知、行为、生理方面。个体感觉到考试焦虑时,情绪上主要表现为担忧、焦虑、烦躁不安;认知上主要表现为注意力不集中,记忆力下降,学习效率低,思维迟钝;行为上主要表现为坐立不安、手足无措;生理上主要表现为头痛、食欲下降、恶心、心慌、睡眠不好、频繁上厕所等。考试焦虑程度较高的大学生会有明显的生理反应,如出现失眠、食欲减退、腹泻、心慌气短、呼吸急促、手足出汗、发抖、尿频尿急、思维迟钝、理解力下降、大脑一片空白;在考场上看不清题目、看错题目、漏题丢题、出现笔误;等等。

引发大学生考试焦虑的因素有客观因素和主观因素。

1. 客观因素

引发考试焦虑的客观因素主要有三个方面。一是考试的性质,如考试的重要性、试题的难易程度、考生的竞争等。一般来讲,对于越重要的考试,个体越容易产生考试焦虑;题目难度越大,个体越容易产生考试焦虑;考生竞争越激烈,个体越容易产生考试焦虑。二是个体的学业期望。一般而言,个体对学业的期望值越高,对学习的投入越多,越看重考试成绩,对考试失败的担忧越深,越容易产生考试焦虑。如果个体的学业期望值较低,认为及格就行,一般不会产生考试焦虑。但是,有的学业期望值较低的大学生在面临学业失败时,也可能有考试焦虑。三是同学之间的相互影响,如一些大学生将获得理想成绩作为自己的人生目标,考试前通过各种方式给自己和他人带来压力,使其他学生感觉氛围很紧张,引起考试焦虑。

2. 主观因素

考试焦虑的主观因素主要有五个方面。一是个体的人格特质。比如:缺乏安全感、自信心较弱、敏感的大学生更容易出现考试焦虑。二是考试经验。有的学生将过去考试成绩好归因为题目容易、运气好,而将大学的考试成绩不理想归结为自己不如别的同学聪明、自己能力较差,对自己失去信心。三是知识掌握程度。有的大学生平时掌握的知识不足,在考试前临阵磨枪、挑灯夜读,感到学习任务太重,引发考试焦虑。四是复习准备情况。有的学生复习准备不充分,对考试结果没有把握,也会产生考试焦虑。五是对考试成绩过分重视。考试成绩与大学生能否顺利入党、学业荣誉(如奖学金)、学业前途(如保送研究生)等密切相关。因此,有的大学生会对考试成绩过于看重,容易出现考试焦虑。

【案例分析】

考试焦虑导致状态不佳

李童(化名),女,20岁,大二学生。自述对自己要求较高,考试时总希望能够取得好成绩,为评选国家奖学金做准备。上课时,她认真听课,仔细做笔记,很注重课前的预习与课后的复习,平时的作业、论文都是优秀。但每次考试临近,她就会有明显的情绪波动,无法安心准备考试,担心自己复习不全面、有遗漏,担心不能获得奖学金,担心答题时会出现低级失误。在考场上,她甚至会感觉全身冒冷汗、手颤抖、头脑空白,以至于每次提到考试她就内心焦虑、精神紧张、易激动,吃饭没胃口,睡不好觉,而且对自己越来越缺乏信心。

分析:李童的情况属于考试焦虑,她对考试寄予太大期望,而且顾虑重重,她对这些问题的担心已经远远超过了对考试本身的关注。在考试中,焦虑情绪对记忆、认知过程都会产生影响和干扰。我们面对重要的考试或场合时感到焦虑属于正常现象,但如果焦虑情绪过度,就会影响我们的注意力,影响正常的表现及学习效率。李童应理性看待考试,考试只是衡量知识掌握的一方面而不是全部,应该以"平常心、正常态"来面对。

二、学习心理调适方法

(一)学习适应不良的调节

1. 做好充分准备

人的一生会面对很多新的生活环境,当面对新环境时,有一个适应过程。其实,当人们面对新环境时,就会有新的体验、新的收获。因此,个体要做好充分的心理准备,要迎接新环境的挑战,并尽快处理新环境给自己带来的困惑。

2. 利用身边资源

大学生在学习目标定位方面,可以请教自己敬佩的专业老师,进一步了解所学专业,树立合理的学习目标;在学习方式方法方面,可以多与同学交流沟通,便于获得学习的间接经验;在学科学习方面,可以向老师、同班同学请教,勤学善问,提高学科知识水平。

3. 提高学习主动性,规划学习时间

大学生的学习主动性是提高学习水平的关键。大学生应该自主学习,充分利用课余时间学习,主动去图书馆阅读,逐步适应大学学习和生活节奏。在主动学习的同时,应该合理、有效规划学习时间,提高时间利用率。

【拓展阅读】

生命中的大石头

在课堂上,教授拿出一个广口瓶,将一堆鸽子蛋大小的石头一块一块地放进去,直到装不下为止。然后问大家:"瓶子装满了吗?"大家回答说:"满了。"教授又拿出一小桶黄豆大小的小石子。一边往瓶子里面装一边摇晃瓶子,小石子从大石头的缝隙中挤进去了。教授又问:"瓶子满了吗?"这次大家提高了警惕,有的人说:"瓶子可能没有满吧?"教授这时又拿出一小桶细沙子,一边往瓶子里装沙子,一边摇晃瓶子,细沙全流进大小石头之间的缝隙中。教授又问:"瓶子满了吗?"这次大家齐声回答:"没有满。"教授笑着说:"很好。"然后又拿出一小桶水倒进瓶子里,直到水从瓶口溢出为止。教授又问大家:"这个实验说明了什么?"多数人回答说:"说明不管计划安排得多么满,只要再努一把力就可以多塞些任务。"教授说:"你们的回答不是完全没有道理,但不是我要说明的。这个实验告诉我们:如果不首先把大石头放进瓶子里,瓶子的空间被其他小东西占满以后,再努力也放不进大石头了。你生活中的'大石头'是什么呢?不管在什么时候,请记住,一定要先放'大石头',就是说一定要首先做好最重要的工作。"

在大学里有些学生每天都很忙碌,但是这些学生做的事情都是同样重要的吗?你生命中的大石头是什么呢?

(二)学习动机不当的调节

1. 学习动机不足的自我调整

一是明确学习目标。要认识学习价值,明确大学学习的目标,合理规划学业与人生目标。在学习生活中要清楚自己学习的目标是什么,并将学习目标与实际生活联系起来。要结合自己的实际情况,制订出合适的学习目标。目标太高容易使自己在学习过程中产生挫败感,目标太低又达不到学习的预期效果,只有难易程度适中的学习目标,才能激发自身的学习动力,才有利于任务的完成。

二是学会合理的学习归因。学习归因是指学生对自己学习成功或失败原因的推断和解释。一般来说,在追寻学习成功或学习失败的原因时,最好将原因归结为不稳定但可以控制的因素,如努力程度。当学习成功的时候,可以促使自己为获得下一步的成功继续努力,而当学习暂时失利时,也可以对自己说,我的努力程度还不够,还要继续努力。

三是培养学习成就感。大学生应该以积极心态对待学习,特别是当学习中遇到挫折与困难的时候,要多发现自己的优点。不要不切实际地、盲目地与成绩优秀的同学横向比较,而是要与自己比较,与过去的自己纵向比较,看到自己的进步。

2. 学习动机过强的自我调适

一是正确认识自己的学习能力。有些大学生的学习动机和个人抱负水平(期望值)与自己的实际情况不相符合,或者低估学习任务的难度,或者高估学习能力。因此,大学生在学习过程中要不断获得反馈信息,不断对学习过程、学习效果进行反思,并听取老师、同学、朋友的反馈和评价,不断提高自我评价水平。在此基础之上,再制订合理的学业目标(学业期望),脚踏实地,循序渐进。

二是设置合理的学习目标。合理的学习目标有助于个体学习任务的具体化、系列化。个体合理学习目标的确定,受多种因素的制约与影响,如个人兴趣爱好、能力等。个体在确立学习目标时,应该从实际情况出发,目标要简单明了、易操作、分层推进。一般来说,具体的、短期的、中等难度的目标能够有效激发个体的学习动机,这类目标比较容易实现。因此,大学生应学会将总体目标分成多个具体的子目标,将长远目标分成多个近期的子目标。

三是建立合理的认知模式。个体应找出不合理信念,特别是要调整关于努力与成功的必然关系的信念,如"只要努力就能成功""因为付出了努力,所以必须获得成功""允许别人失败,但我必须成功"等错误认知,建立合理的认知模式。大学生要采用合理的认知模式调整自己,使自己的动机水平积极而又合理,保障学习有效进行。

四是以宽容的心态对待自己。动机过强的大学生,通常对自己要求过高。自尊心很强而又动机过强的大学生最容易产生较大压力,引发焦虑。因此,动机过强的大学生应当有宽容的、平和的心态,降低对学习成败的敏感心理,积极参加有益于身心健康发展的校园文化活动,培养自己的兴趣爱好。

(三)学习疲劳的调节

大学生的身心自我调节功能正处于人生最佳时期,身体发展和心理发展的可塑性比较强,应正确处理内外环境对自己身心健康的影响,防止过度疲劳对身心造成不良影响。常用的调节学习疲劳的方法主要有三种。

1. 科学用脑,劳逸结合

大脑两半球具有不同功能,左半球具有言语优势,右半球具有非言语优势,个体如果长时间使用大脑的一侧,那么这一侧相对容易疲劳,因此,在课程的安排上,要注意不同性质的课程应该间隔安排。大学生在用脑方面也要注意劳逸结合,在课间休息时,要活动放松,呼吸一下新鲜空气。学习一段时间后,也应该休息片刻,放松一下。在学习之余,可以参加一些体育活动、文体活动,使身心放松和调节,有助于消除疲劳,提高学习效率。

2. 遵循人体生物节律,保证睡眠

在一天的时间内,个体的生物机能在上午7点~10点逐步上升,10点左右精力充沛,处于最佳工作和学习状态,之后开始下降;下午5点时,个体的生物机能再次上升,到晚上9点左右达到高峰,晚上11点以后又开始下降。因此,大学生应遵循人体生物节律,合理安排学习时间,同时,每天要保证充足的睡眠,睡眠时间应保证在7~8小时左右,这样可以提高学习效率。

3. 培养学习兴趣,优化学习环境

个体如果学习兴趣比较浓厚,学习时就会心情愉悦,长时间学习也很少觉得疲劳。反之,如果个体的学习兴趣不高甚至对学习厌烦,很快就会有学习疲劳状态。同时,学习环境应尽量安静、整洁,使人感到心情舒畅。

(四)考试焦虑的调节

1. 复习准备充分

学生考前的准备状态是影响考试心理的重要因素。如果学生考前准备充分,对考试比较有信心,就很少感到焦虑;但如果学生考前准备不充分,感觉心里没有底气,考试焦虑情绪就比较重。大学阶段的考试如果没通过,会对学生的毕业有影响。因此,大学生应做好充分的复习准备,有助于缓解考试焦虑。

2. 设置合理的期望值

每个大学生对每次考试都有自己的期望值,他们在考试前都会估计或设想自己的考试所能达到的目标。一般来说,大学生对考试的期望值过高或过低,都不利于其在考试中自我能力的发挥,也很难取得较为理想的成绩。因此,大学生对自己的考试期望一定要做到实事求是。首先,要正确认识自己的学习能力,确立适合自己的学习目标,要根据自己的能力、努力程度、学习要求来制定目标,以达到自我期望与现实的合理匹配。这样有利于学生获得良好的情感体验,不断激发潜能。其次,既要认真准备考试,又不要对考试期望过高。最后,要保持适度的学习动机,要重视学习过程而不要强求考试结果,要学会享受学习过程。要明白考试结果只是一种学习的量化指标,并不能完全衡量个体的学习收获与成长。

3. 改变对考试的不合理认识

自我认识与自我评价是引发考试焦虑的关键因素。过度紧张与焦虑往往都是由不合理的自我认识和自我评价所引起的。有的学生把考试结果看得太重,甚至把自己的前途、命运都寄托在考试上,过分夸大考试在自己生活或人生发展中的作用。所以,作为一个有理性认识的大学生,应当明白考试只是衡量学业的一项指标,而不是学习生活的全部,考试也不能决定自己的命运。如果出现过度紧张、焦虑情绪,就是因为自己把考试结果看得太重了,应当调整。

4. 学会考前放松

学习与掌握一些自我放松的方法能够有效缓解个体考试前产生的紧张、焦虑情绪。常用的自我放松调节方法有:自我暗示法、肌肉放松法、想象放松法、深度呼吸法等。

三、大学生学业成绩的提升

大学时光是人生中最宝贵的几年,如果大学生能够好好珍惜时间,努力学好课堂和课外知识,对未来自身的发展将有很大的益处。

要提升大学生的学业成绩,有三种干预措施值得尝试。这些干预措施针对特定的学习问题以及问题背后的心理过程,以学生为中心,并能够取得相应的成效。

(一) 任务价值干预

任务价值干预(task value interventions)重点关注的是当前的学习任务,向学生传达所学内容的价值和重要性。可以通过提供体现学习任务与个人目标的相关性的例子,或者通过写作练习鼓励学生思考学习任务对自己的价值。

教育工作者可以通过两种基本策略来提高学生对任务价值的认识。第一,他们可以告诉学生课程主题是有用的和重要的(教育工作者直接传递价值)。第二,他们也可以让学生发现自己的价值(学生创造价值)。通常是学生通过将课程主题与自己的生活联系起来,进行写作练习,发现自己的价值。比如:研究者让大学生完成一系列的课程写作任务,并组织讨论该课程的实用价值。这种干预为学生提供了机会,使他们能够将所学知识与他们所关心的具体内容联系起来,培养对课程价值的认识。

(二) 框架设定干预

框架设定干预(framing interventions)重点关注的是学生在学习过渡期间如何看待可能

面临的挑战,帮助学生应对逆境,有助于提高学生在关键的学习过渡期的适应能力。

框架设定干预以归因理论为基础,主要向学生传递两个关键信息:第一,在刚入学期间,面临的困难是正常的、普遍存在的,遇到困难时不应完全归因于个人自身的特点;第二,学生可以通过个人成长来提高自己的学业成绩,可以通过努力来克服困难。

(三) 个人价值干预

个人价值干预(personal value interventions)重点关注的是学生的核心价值,通过强化个人价值来间接发挥作用,增强学生的认同感和自我价值感,为他们应对大学生活中的逆境或挫折提供缓冲。

个人价值干预以自我确定理论为基础,认为个体有保持自我完整意识的动机。如果学生在重要的学业领域经历了身份威胁,那么其自我完整性就会受到质疑。个人价值干预使学生有机会思考自我价值在其他领域的来源。提升大学生学业成绩的个人价值干预措施通常为写作练习,可以提高学生对课程的参与度,并可以进行积极的预期,让学生感知到自己的价值。

第五章
情绪管理

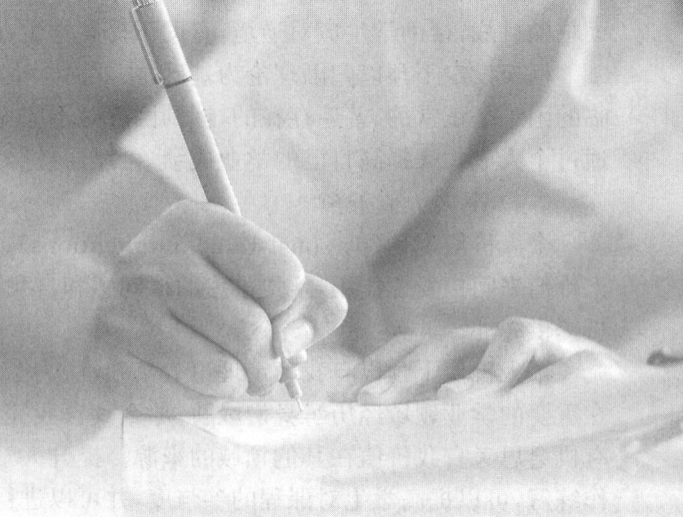

第一节 情绪与大学生心理健康

一、情绪概述

（一）情绪的定义

心理学家、哲学家对于"情绪"的定义各有论述。学术界普遍认为情绪是对一系列主观认知经验的通称，是人对客观事物的态度体验以及相应的行为反应，是以个体的愿望和需要为中介的一种心理活动。

（二）情绪的形式

1. 我国古代的情绪形式

情绪分为喜、怒、忧、思、悲、恐、惊七种基本形式。

2. 现代心理学的情绪形式

基本情绪也叫原始情绪。人有基本情绪，动物也有。情绪具有文化共通性。人们常把快乐、愤怒、悲哀和恐惧列为情绪的基本形式。快乐是指个体在现实生活中盼望已久的目标达成之后，或摆脱因某一事物而引发的极度紧张后产生的一种情绪体验。悲哀是最普遍、最一般的负性情绪，一般与自己愿望落空有关。愤怒是指个体目的不能达到或目标受到阻碍时产生的情绪体验。恐惧是个人企图摆脱、逃避某种情境而又无能为力时产生的情绪体验。

（三）情绪的成分

一个完整的情绪体验过程有三种成分。一是主观体验，即个体对不同情绪的自我感受，是情绪的心理内容。二是生理唤醒，即情绪产生时伴随的生理反应，如心跳加快、呼吸变化、血压升高、瞳孔放大等。三是外部表现，包括面部表情、姿态和语调等，是情绪的表达形式，能被他人所觉察。

（四）情绪的产生

情绪的产生受客观环境影响，受神经系统活动的制约，还和认知因素密切相关。

（五）情绪的功能

1. 对心理活动具有组织作用

一般来说，积极情绪对个体的心理活动有协调、组织、促进作用；消极情绪对个体的心理活动有瓦解、破坏、阻断作用。

2. 影响个体的生理活动

积极的情绪状态可以增强身体的抵抗能力；消极的情绪状态会对人的身体造成伤害，如"喜伤心，怒伤肝，忧伤肺，思伤脾，恐伤肾"。

个体的行为经常受到情绪的支配。一般来说，当个体处于积极、乐观的情绪状态时，更容易关注事物美好的一面，态度和善，乐于助人，勇于承担责任；而当个体处于消极情绪状态时，则容易产生悲观意识，缺乏动力，失去希望，更容易产生攻击行为。因此，我们要善于调节、控制自己的情绪，尽最大可能发挥情绪的积极作用，减少情绪的不良影响，这样有助于拥有幸福快乐的生活。

二、大学生情绪的特点

（一）情绪的多样性

大学生情感体验丰富，随着自身成长、环境变化及自我意识的迅速发展，大学生的情绪更加深刻、敏感、细腻、复杂。他们时而兴高采烈、踌躇满志；时而悲观沮丧，缺乏斗志；时而心静如水，无欲无求；时而热血沸腾，兴高采烈。

（二）情绪的冲动性

大学生正值精力、体力旺盛的时期，他们的情绪反应快而强烈，易受暗示或者环境氛围的影响。他们对一些问题的认识不够成熟，辨别是非的能力还比较有限。他们有时会因一点小事兴奋不已，有时也会因为一个微小的刺激而怒发冲冠。比如：对于网络上的一些"负面"信息，他们有时没有进行任何判断，就可能会转发。

（三）情绪的稳定性

大学生的情绪日趋稳定，但仍会有大起大落、动荡不安的时候。有时，他们的情绪状态在积极和消极情绪之间动摇。比如：对于一场即将到来的辩论赛，他们可能既感到有些激动，又有些担心。

（四）情绪的掩饰性

随着年龄的增长，大学生的自我控制和调节情绪的能力逐步提高，情绪有时也会带有掩饰性和压抑性。大学生会根据不同的情境表现出不同的情绪，也会有外在表现和内在体验不一致的情况。

三、情绪对大学生的影响

（一）情绪对大学生健康的影响

情绪对个体的身心健康有直接影响。若能保持愉快心情，积极向上，则人体的免疫力增强，可以减少患病几率。积极情绪不仅使大学生对生活充满希望，自信满满，而且能够使大学生增强求知欲，思维更加活跃，创造力增强，有助于建立良好的人际关系。

消极情绪不利于个体的身心健康，个体如果长期处于紧张、焦虑、压抑、恐惧等消极情绪状态下，则免疫能力下降，容易患疾病。突然的、强烈的紧张情绪会抑制大脑皮层活动，破坏大脑皮层兴奋和抑制的平衡，使人的意识范围狭窄，判断力减弱，失去理智和自制力。大学生常见的消化性溃疡、紧张性头痛、偏头痛、心律失常、月经失调、神经性皮炎等症状，都与消极情绪有关。

（二）情绪对大学生学习的影响

情绪不仅与大学生的身心健康有关，而且与大学生的潜能激发、学习效率也有很大关系。积极、良好的情绪使大学生有兴趣学习，有助于大学生拓宽思维，集中注意力，提升创造能力。心情愉快、舒畅为思考和创造提供最佳状态，使智力活动可以有效运行。

心理学家用实验方法研究情绪与学习成绩的关系时，通常将焦虑程度作为自变量，将学习成绩作为因变量，然后，采用自我评定法、生理反应法来研究它们之间的关系。焦虑程度与学习成绩的关系呈倒 U 形。

适度的焦虑有助于大学生取得良好的学习成绩，如果大学生焦虑程度过高或过低，均难以取得优异的学习成绩。我们在生活中常遇到这样的现象：有的学生在考试时因内心过分紧张，发生"晕场"现象；有的学生对考试采取无所谓的态度，考试成绩也不会高。

（三）情绪对大学生人际关系的影响

具有良好情绪的人，如热情、乐观、积极、自信、自尊心强的人，能够缩短与他人的心理距离；而情绪自卑、压抑、爱发怒的人，往往不能与他人和睦相处，人与人之间的关系疏远。

拥有的积极情绪大于消极情绪的人更受欢迎，更容易获得别人的赞赏，拥有良好的人际关系。大学生在与人交往的过程中，要提高自身修养，学会适度调控自己的情绪，做情绪的主人。

（四）情绪对大学生行为目标的影响

1979 年，心理学家埃普斯顿在《人类情绪的生态学研究》中，介绍了大学生自我观念、情绪、行为变化之间的关系。结果表明，大学生如果体验到的是积极情绪，其行为也往往是积极的、主动的，他们对新经验持接受和开放心态、对周围人尊重和理解、对价值和长远目标具有奉献精神，大学生如果体验到的是消极情绪，在社会交往方面的兴趣就会下降，反社会行为会增加，对新经验持谨慎、闭锁的态度；也有一些大学生的行为并没有向消极方面转化，而是汲取教训，准备重新开始。

埃普斯顿的实验结果表明，积极的情绪体验与积极的行为变化存在一致性。我们应引导并启发大学生拥有积极情绪。

第二节　情绪困扰及调节

一、大学生常见的情绪困扰

（一）焦虑

焦虑是由紧张、害怕、担忧等情绪混合而成的消极情绪体验，指个体对未来某种可能发生的威胁性情境或某种不良后果而产生的紧张不安情绪。

（二）抑郁

抑郁是指以心境低落为主的消极情绪状态，主要表现为兴趣丧失、精力减退、悲观、绝望、思维迟钝、食欲减退或增加、失眠或睡眠特别多等。

（三）自卑

自卑是具有自我否定倾向的情绪体验，是对现实自我的否定、对自我的低估。自卑的人认为即使努力也无法达到目标，同时伴有害羞、不安、内疚、忧郁、失望等情绪体验。

（四）愤怒

愤怒是指当个体需要不能被满足、愿望不能实现或目标行动受阻时内心所产生的一种紧张、不愉快的情绪体验。

（五）嫉妒

嫉妒是指个体感觉他人在才能、名誉、地位、境遇等方面胜过自己，内心产生的羞耻、焦虑、怨恨、敌意等复杂的情绪体验。

【案例分析】

嫉 妒 心 理

张烨（化名），女，20岁，大二学生。自述与王楠（化名）在同一个宿舍，在入学后没多久，两人就成了好朋友，一起上课，一起吃饭，一起散步。张烨性格外向，活泼开朗，王楠性格偏内向，不善言谈。渐渐地，王楠觉得自己像一只丑小鸭，比不上张烨，两人的心理距离越来越大，而且她认为张烨处处都比自己强，爱抢风头，心里很不是滋味，常不理睬张烨。在大学三年级时，张烨参加了学院组织的创新创业大赛，获得了一等奖，王楠得知这个消息后，内心十分嫉妒，趁张烨不在宿舍时，私自将她的参赛作品撕碎。张烨想不通为什么王楠要这样对待她。

分析：张烨与王楠从形影不离到矛盾加深源于王楠的嫉妒心理。有嫉妒心理的人常常在心理上承认自己比别人弱，但在外表上又表现为不服输，不愿向他人学习；有时为了压倒他人，常常会因一点小事寻衅闹事。

要引导大学生克服嫉妒心理，可以从以下七个方面做起。第一，了解嫉妒心理的危害性。嫉妒心理既伤害别人，也伤害自己。第二，克服自私心理。嫉妒是"自我"膨胀的具体表现。总怕别人比自己强，对自己不利，这样对双方都有不良影响，应该克服。第三，建立合理认知。应该合理评价别人，也要合理评价自己。别人是可以取得好成绩的，别人的成绩并不等于自己的失败。第四，换位思考。当有嫉妒心理时，不妨扪心自问：假如我是对方又该如何呢？第五，参加课外活动。通过参加课外活动，不断学习与探索，使自己在知识储备、技能、身心素质方面不断提高，丰富多彩的课余生活将有助于转移不良情绪。第六，不断完善人格。要努力完善自己的人格，提高自己的素养，以积极、乐观的心态面对生活。第七，树立正确的竞争意识。竞争不是自私的，竞争能够促进双方进步，竞争者应该有宽广的胸怀；竞争不应是阴险和狡诈的，而应是齐头并进，以实力超越；竞争不排除协作，没有良好的协作精神和集体意识，单枪匹马的强者也是不易成功的。

人生会面临无数次的竞争和考验，没有哪一次可以决定我们漫长的一生。对于既定的结果，无论输赢，我们都不要太在意，而是应该思考怎样才会更好。我们应该看重和享受竞争的过程，而不是结果。人的进步在于不断超越自己，而不是和别人比高低。

（六）冷漠

冷漠是指对他人冷淡、漠视，是对外界刺激缺乏相应情感反应的消极的情绪体验。具体表现为对他人不理不睬，怀有敌意或戒备心理，也不与他人交流思想感情。

二、情绪调节

(一) 识别自己的情绪

识别情绪的方法有三种:心理问卷测试法、谈话法以及记录反思法(写日记、自我反省)。

(二) 正视自己的情绪

我们应面对、承认自己存在不良情绪。

其实,我们每个人的喜怒哀乐都是正常的情绪反应,是可以并存的,没有哪一种情绪是好的或坏的,情绪只是反映我们内在的感受,每种情绪都有它存在的价值。如果仅仅为了某种情绪而忽略或抵触其他情绪,我们就无法完整地体验生活。对情绪的错误认知具有一定的普遍性。很多人情绪表达更倾向于内敛、低调、含蓄,积极的情绪带给我们舒服的感受,而愤怒、恐惧等消极情绪往往被否定、被压抑。消极情绪不会因为我们的否定或漠视而消失,它会潜藏于我们内心深处,如果被压抑久了,会影响到我们的身心健康,因此,我们必须正确认识情绪、理性接纳情绪。

(三) 与自己的情绪对话

1. 转移消极情绪

转移消极情绪是指个体把注意力从消极情绪(不良情绪状态)转移到其他人或事物上的一种自我情绪调适方法。

个体在产生情绪时,大脑会有一个较强的兴奋灶,此时,如果建立一个或者几个新的兴奋灶,便可抵消或冲淡原来的兴奋灶。当消极情绪出现时,听喜欢的音乐有助于放松心情,并在快乐中忘记那些不愉快的事情,也可以到户外去欣赏大自然的美景,转移被压抑的心情。

2. 善于宣泄不良情绪

宣泄是指采用一定的方法,把个体的情绪体验充分表达出来。如果没有适当宣泄不良情绪,就会一直积压在心里,影响身心健康。不仅消极情绪需要宣泄,愉快的情绪也需要宣泄。

我们可以通过跑步、唱歌等方式宣泄自己的情绪。此外,还可以通过写日记,向他人倾诉的方法将压抑在内心的情绪发泄出来。

【拓展阅读】

枕头大战

"枕头大战"是一种在全球流行的缓解工作和生活压力的减压聚会方式。2004年,一个名叫斯塔基·凯西的女子创立"枕头大战联盟",即用枕头对战的职业联盟,总部设在加拿大的多伦多,在美国也有分部。"枕头大战联盟"训练一些女士成为职业枕头比赛选手,在枕头大战的场馆里为观众提供快乐的比赛。中国的广州、青岛、上海等地也先后举办过枕头大战。

3. 自我安慰

当一个人无法达到其预定的目标或遭受挫折时,为减少内心的痛苦和不安,常给自己的失败寻找一个自认为是合理的、可接受的理由或借口来安慰自己。

【拓展阅读】

酸葡萄效应

在一个炎热的夏日,一只狐狸非常口渴,它四处寻找水源。忽然,它发现了一株葡萄藤,上面挂满了一串串熟透了的葡萄。狐狸本来很想吃已经熟透了的葡萄,于是,它跳起来,未够着,又跳起来,还未够着,再跳起来……它想吃葡萄而又跳得不够高,若一个劲地跳下去,就是累死也够不着葡萄的高度。于是,狐狸说:"反正这葡萄是酸的。"意思是即使够着葡萄也还是不能吃,这样,狐狸也就心安理得地走开,去寻找其他好吃的食物去了。

酸葡萄效应是指当个体追求某一目标而未达成,为减少内心的失落和挫败感,会故意贬低目标的价值。

甜柠檬效应

当个体在追求预期目标而失败时,为了冲淡自己内心的不安,就提高已实现的目标的价值,以此达到心理平衡。

有只狐狸原想找些可口的食物,但遍觅不着,只找到一只酸柠檬,这实在是一件不得已而为之的事,但它却说:"这柠檬是甜的,正是我想吃的。"这种只能得到柠檬就说柠檬是甜的自我安慰现象,被称为甜柠檬效应,其实质是变恶性刺激为良性刺激,以达到自我心理平衡,免去自我苦恼与痛苦。这与上述的酸葡萄效应一样,都是以某种"合理化"的理由来解释自己追求目标失败时的情景,以寻求心理安慰。

"酸葡萄效应"是把所追求的目标价值变低,而"甜柠檬效应"是把已实现的目标价值提高。这两种效应都是自我安慰方法,可以使人宽慰自己、接纳自己、承认现实、自得其乐。

4. 自我暗示

自我暗示是指通过主观想象某种人或事物的存在,来进行自我刺激,达到放松紧张心理、缓解不良情绪的作用。

当个体情绪低落时,往往会更敏感,总感觉有人跟自己作对。这时,便可以暗示自己:"这几天可能情绪处于低落的时期,过几天自然就会好起来。"当我们考试失败时,可以用"胜败乃兵家常事"来安慰自我,可以缓解个体的紧张、焦虑情绪。但有时候,自我暗示是一种自欺欺人的行为,经常使用可能使个体不能认清现实、难以合理评价自我。

5. 将压抑升华

将强烈的情绪冲动所带来的能量,转化为有意义、有价值、积极的力量,这就是升华。这是对不良情绪的一种高水平的调适,使个体勇于面对自己的失败处境,改善自己的心境。

6. 让心情放松

(1) 松弛练习

通过将身心调整到轻松舒适的自然状态来增强个体对自我情绪的控制能力,达到稳定情绪的目的。

(2) 音乐疗法

音乐是人体的"特种维生素",不能缺乏。不同的音乐旋律,可分别起到镇静、兴奋、止痛、降压等保健和助力疾病康复的作用。

7. 让幽默带走尴尬和难堪

当产生不良情绪时,一句适当得体的幽默话语,可以消除忧虑、稳定情绪,还可以帮助我们摆脱尴尬和困境,增强自信心。

【拓展阅读】

笑 的 处 方

莎士比亚曾说过:"如果一天之中你没有笑一笑,那你这一天就算是白活了。"

著名科学家法拉第年轻时,由于工作压力大,导致精神失调,身体很虚弱。虽然他长期利用药物治疗,但却不起作用。后来,一位名医给他进行了仔细检查,但没有开药方,临走时只留下一句话:"一个小丑进城胜过一打医生!"法拉第仔细琢磨了名医说的这句话,终于明白了这句话的奥秘。从此以后,他经常抽空去看马戏、滑稽剧、戏剧,经常被逗得开怀大笑。经过一段时间的调整,他恢复了健康。

第三节 情商及其培养策略

在决定一个人成功的诸多因素中,智商的作用仅占20%,而情商却占了80%,情商高的人容易成功,也更容易走出困境。

一、情商

(一)情商的定义

情商(Emotional Quotient,EQ)又称情绪智力或情绪商数,是一个人对自己和他人情绪的认知及管理能力,它主要是指情绪、情感、意志、挫折容忍力等除智力以外的综合个性品质。情商是国内外心理学家们提出的与智商(Intelligence Quotient,IQ)相对应的概念。

(二)情商的内容

情商可以通过一系列的能力表达出来。哈佛大学心理学博士丹尼尔·戈尔曼把人的情商能力概括为五大类:认识自身情绪的能力(情绪觉知)、妥善管理自己情绪的能力(情绪管理)、自我激励能力、认知他人情绪的能力和人际关系处理能力(人际交往)。情商就是指一个人灵活运用情绪,和谐处理自我及人际关系,达成个体生命目标的一种能力。

(三)情商的功能

① 了解自己的情绪并及时觉察自己的情绪,了解产生情绪的原因。

② 调适自己的情绪并掌握调适情绪的方法,善于摆脱消极情绪。

③ 制订切实可行的目标并作出努力,培养克服困难的信心,善于自我激励、自我监督、自我教育。

④ 善于了解他人的情绪。理解他人的感受,觉察他人的需要,有同理心。

⑤ 维系融洽的人际关系。能够理解他人的情绪,尊重、包容,积极处理人际交往中的问题,主动与人沟通。

二、高情商的培养策略

面对现在竞争激烈的社会,大学生想要更好地生存和发展,不仅需要掌握较多的科学文化知识,还必须具备良好的心理素质和较高的情商。当代大学生多是独生子女,在家中受到很多的呵护,从小缺乏与兄弟姐妹相处的经验,在家庭和学校中更关注学业成绩。进入大学后,当代大学生可能会出现一些不适应现象,不知如何面对和解决,不能很好地管理自己的情绪。因此,情商的培养尤为重要。

情商影响着一个人的成功和终生的幸福感。情商虽然会受到遗传的影响,但后天的教育更为重要,家庭中父母是孩子最好的情商教练。

(一)拥有自信心

自信是个体对自己所做的各种准备的感性评估,是发自内心的自我肯定与相信。自信是对自身力量的确信,相信自己一定能做成某件事情,实现所追求的目标,认为"我能行"。

自信心是我们日常生活中很熟悉的一个概念,是指一个人对自身价值的肯定,对自己外貌、能力、人际关系等各个方面持有非常积极的信念。在心理学中,与自信心最接近的是阿尔伯特·班杜拉在社会学习理论中提出的自我效能感(self-efficacy)的概念。自信心是情商最突出的表现,是情商能力的基础,情商高的人一般自信心强。

自信心的力量,虽然是看不见、摸不着的,但是,它对我们心理的影响是非常大的。爱默生曾经说过一句话,自信是成功的第一秘诀。自信可以激发个体的潜能,而潜能一旦被激发出来,将给人意外的收获,甚至会产生奇迹。心理学家通过实验发现,人的自我暗示是颇具有作用的,它可以长期在你的潜意识中支配你的行为。所以,我们要经常给自己信心,对自己说"我能行""我可以""这个困难我能克服""我一定会成功"……诸如此类的积极的心理暗示都会让我们增加信心,鼓足干劲,充分发挥自己的潜能。

美国著名女作家、教育家海伦·凯勒是一位眼睛看不见,又聋又哑的残疾人,靠触觉读完了大学。她说:"我碰到了不可胜数的障碍,跌倒了,我一次次坚强地爬起来,每前进一步,我的勇气就增加一分,我相信我一定能到达那光辉的云端、碧天的深处——我希望的绝顶真理。"她道出了这样一个真理:人之所以能成名,除了需要付出极大的努力之外,还必须有坚定的信念、对自我的信心。有了这种精神支柱,一切艰难险阻就会迎刃而解。

自信心的作用是在健全心理和理智的基础上,通过复杂的心理和生理作用来实现的。一个人的自信心会受到周围人的影响,不过,还是取决于自我毅力和坚定的信念。如果缺乏信心的意识左右了你的精神,那么,你可能会失败。比如:在日常生活中,有时越怕做错事,就越容易出错;越怕口吃,说话就越不利索。所以,在生活和学习中保持信心,是个体成功的基础,是充分发掘潜能的前提条件。

进入大学后,大学生大部分时间在校园里度过。要充分利用课外时间,多参加实践活动,比如:可以根据自己的兴趣爱好参加校园组织的社团活动;可以积极进行社会实践或实习活动;可以进行勤工助学等活动,体验成功完成任务的感受。大学生自己做自己的事情,从小事做起,从点滴做起,如果做得好,就及时给予肯定和鼓励。从做事情中能够感到自己的存在有价值、自己被人爱,并且相信自己有能力去面对各种挑战时,就获得了通往成功和快乐的钥匙。

怎样才能不再低估自己的潜能,找到自信心呢?自信不是与生俱来的,而是可以通过后天培养的,培养自信的方法主要有以下十种。

1. 尽量独立

独立是自信的基础。自卑的人通常看不起自己,觉得离开他人很难。想要培养自信心,必须摆脱依赖心理,学会独立,靠自己的能力做事情。只有独立地解决了问题,才会明白离开别人也能够成功。让自己独立起来,自己承担责任,这是培养自信的第一步。

2. 掌握一项技能

拥有一项技能的人,在任何时候都有底气,可以应对自如。我们在掌握一项技能的过程中,不但锻炼了学习能力,而且也能充满自信。

3. 长期积累知识

自信源于知识的储备,一个学识渊博的人,即使性格内向,不太擅长与人接触,也会对自己有信心。

4. 事先做好准备

一个人做事没有自信,是因为他对事情不了解,害怕出错,害怕失败。如果对所做的事情有了解,知道解决问题的办法,事先做好准备,那么就会自信满满。

5. 培养从容的态度

从容的态度有助于培养自信。与人说话时,要正视对方的眼睛,要有眼神的回应;走路时,要昂首阔步;与人见面要保持微笑、打招呼,这样,对方才会更加相信你,你也能从中得到更多自信。

6. 敢于表现自己

我们要敢于表现自己,在公共场合,尽量坐在前排;在讨论问题时,勇于发表自己的观点;积极参加集体活动,在活动实践中不断增强自信心。

7. 给自己一个新形象

我们可以给自己塑造一个新形象,如适当改变自己的发型、着装风格,改变做事方式等。改变是一种心理暗示,通过塑造新形象,建立自信心。

8. 不好高骛远,不追求完美

自信者应该能够脚踏实地完成自己既定的目标,完成力所能及的事情,不好高骛远,也不过于追求完美,应该了解自己的能力,量力而行。

9. 从小事做起

"故不积跬步,无以至千里,不积小流,无以成江海。"培养自信应该从小事做起。即使是身边的一件小事情,也可以给我们带来满足感与成就感,这也是我们自信的来源。当我们发现能做好的小事情越来越多,我们对自己的能力就会越来越自信。

10. 表扬自己

自信的人善于接纳真实的自己,他们了解自己的短处,也善于表扬自己。表扬自己是对自己的一种认可和肯定,只有肯定自己做的事情,肯定自己的价值,才有前进的动力。

所以,从现在开始,我们要善于发现自己的闪光点,也要接纳自己的不足。要把优点放在前面,不足放在后面,对自己的优点要好好发扬,你会慢慢发现,自己是一个非常棒的人。

(二)懂得感恩

大学生可以尝试着努力把感恩作为自己的生活常规,比如:当父母、老师或同学帮助了我们时,我们应该适时地说"谢谢",我们应感恩运气并重视自身能力的提高。

（三）拥有积极进取的心态

情商高的人有很强的上进心、进取心，对自己、对未来、对人生等总是充满希望。法国作家莫泊桑说："人生活在希望之中，一个希望破灭了或实现了，就会有新的希望产生。"有希望就会让人积极向上，大学生要善于发现机会，抓住机会，多给自己尝试的机会。

第六章
人际交往

第一节　人际交往的特点及人际冲突

一、人际交往概述

（一）人际交往的基本概念

1. 人际交往与人际关系

人际交往指个体与个体之间或者个体与群体之间通过言语信息或非言语信息进行接触和交流，同时进行信息反馈，并且在行为和心理上产生相互作用、相互影响、相互适应的过程。

人际关系是人们在交往过程中形成的彼此之间较为稳定的心理关系，主要表现为物理距离和心理距离的远近。

人际交往是动态表述，人际关系是静态表述，人际交往决定人际关系，人际关系从人际交往中反映出来。

2. 人际交往的重要性

（1）有利于身心健康发展

每个人都渴望拥有真诚的友谊，对人际交往的愿望较为强烈，希望满足自己的物质需要和精神需要。

【知识链接】

感觉剥夺实验

1954年，贝克斯顿、赫伦和斯科特首次报告了感觉剥夺实验的结果。在实验中，被试被带到一个小房间内，躺在一张舒适的床上。室内非常安静，听不到一点声音；一片漆黑，看不见任何东西；被试的手戴上手套，腿脚也用夹板固定，进餐由主试（实施实验的人）安排，不需要移动手脚。除了上厕所等必要的时间，被试不能离开床。总之，来自外界的刺激几乎都被剥夺了。实验开始时，被试还可以安静地睡着，但是不久以后，他们开始失眠，急切地寻找刺激，自言自语，拍打手套，焦躁不安，一些被试因实验时间过长甚至出现幻觉。实验中被试每天可以拿到

20 美元的报酬,但即使这样,仍然很少有人能坚持 3 天以上。在实验结束后的几天里,被试的智力测验结果不理想,注意力涣散,不能清晰地思考。

这个实验表明:大脑的发育和人的成长成熟是建立在与外界环境广泛接触的基础之上的。只有通过社会化的接触,更多地感受到和外界的联系,人才可能拥有更多的力量,更好地发展。

(2) 有利于认识自我、完善自我

在交往中"以人为镜,可以明得失",大学生通过良好的人际交往,能促进自我发现、自我反省,"取人之长,补己之短",以完成对自我的认识。通过人际交往可以观察分析对方的言谈举止以认识对方。同时,又在对方对自己的反应和评价中了解自己。

(3) 社会化进程的必要前提

人际交往是个人社会化的起点和必经之路。大学生要学习文化、生存技能、社会知识以及社会规范要求的各种素质,从而获得社会生活的资格。如果没有良好的人际交往,是无法完成这个过程的。

【拓展阅读】

印度"狼孩"卡玛拉

1920 年 9 月 19 日,在印度加尔各达西面约 1000 千米的丛林中,发现两个由狼哺育的女孩。年长的估计 8 岁,年幼的 1 岁半。她们大概都是在出生后半年被狼衔去的。两人回到人类世界后,都由孤儿院养育,分别取名为卡玛拉与阿玛拉,也被称为"狼孩"。从她们的言语、动作、姿势、情绪反应等方面都能看出很明显的狼的生活痕迹。

卡玛拉与阿玛拉不会和人一样走路,而是四肢着地,像松鼠般机灵地四处跑动,她们那目光锐利的蓝眼睛,在黑暗中能像狼眼似的闪闪发光。这两个孩子刚被找到的时候,一直是"像狼一样舔食东西",再热也不淌汗,而是像狗一般地张大嘴巴喘气,借以散热降温。

她们老是撕掉身上的衣服;害怕光亮,白天萎靡不振,午夜之后却变得十分活跃。她们不肯吃人类的饭食,而动物尸体和肉类哪怕藏而不露,她们也能凭气味寻获,贪婪地大口吞食。她们不会人言,仅仅在夜阑人静后,不时发出阵阵长嗥。

阿玛拉不久即死于肾炎,姐姐卡玛拉则活到 1929 年才死去,那时她很可能已经 17 岁,却始终没有学会正确地说话。不过她却逐步掌握了部分单词和句子,并能以一些特别的语音表达自己的愿望。渐渐地,卡玛拉不再怕见其他孩子,并且爱上了自己的养母,对她不胜眷恋,还学会了玩洋娃娃,也习惯了一般人的饮食。

卡玛拉在被发现 2 年后,才会说 2 个单词("波波"和"妈")。4 年后掌握了 6 个单词,第 7 年学会 45 个单词。她动作姿势的变化也很缓慢。被发现 1 年 4 个月后,她只会使用两膝步行;1 年 7 个月后,可以支撑着两脚站起来;不用支撑的站立,是在 2 年 7 个月后学会的;到用两脚步行,她竟费了 5 年的时间,但快跑时又会用四肢。

经过 5 年,她能照料孤儿院幼小儿童了。她会为跑腿受到赞扬而高兴,为自己想做的事情(如解纽扣)做不好而哭泣。这些行为表明,卡玛拉正在改变"狼孩"的习性,显示出了人的感情和需要进步的样子。但她直到死时还没真正学会说话,智力只相当于三四岁的孩子。中国也有类似"狼孩""猪孩"的报道,结果和印度"狼孩"大致相似。

(4) 实现个性的全面发展

心理学家研究发现,如果一个人长期处于和睦友爱的人际关系中,他会形成乐观、开朗的性格,在待人接物时热情、主动、积极。反之,如果一个人长期缺乏与别人的积极互动,没有稳定良好的人际关系,往往表现出明显的性格缺陷。

3. 人际关系发展的四个阶段

欧文·奥尔特曼与达尔马斯·泰勒等人提出了社会渗透理论,该理论解释了人际关系发展的过程。该理论认为人际交往主要包括两个维度:一是交往的广度(交往的范围);二是交往的深度(交往的亲密水平)。人际关系发展的过程是由表层交往向密切交往发展。个体通过权衡交往成本以及收益来决定是否增加对关系的投入。欧文·奥尔特曼等人认为,良好的人际关系的发展一般经历四个阶段:认知定向、情感探索、情感交流、稳定交往。

(1) 认知定向阶段

认知定向阶段主要分为个体无意识地选择交往对象或有意识地选择交往对象。在这个阶段,包含着个体对交往对象的注意、选择、初步沟通等多方面的心理活动。在一个交往场合,个体往往会选择性地注意某些人,对于注意到的对象,他们会进行初步的沟通,聊一些无关紧要的话题。在这个阶段,双方只有浅层的自我表露(如谈所在班级、所学专业、最近发生的新闻、事件以及看法等);同时,期待给对方留下好印象。

(2) 情感探索阶段

在情感探索阶段,双方互相交流情感,初步建立安全感、信任感,沟通进一步深入。虽然情感卷入程度不高,但是交往很正式。如果双方都有好感,有继续交往的兴趣,那么,就可能有更深层的自我表露(如交流学习或生活中的体验、感受等),并进一步探索双方可以进行的更深的交往内容。这时,双方的交谈依然很公开,交往受角色规范、社会礼仪等方面的制约,交往比较正式。

(3) 情感交流阶段

在情感交流阶段,双方更加亲近,更加信任,沟通、交往的内容进一步深入,彼此有比较深的情感卷入,开始涉及私人方面的内容(如相互诉说工作、生活中的烦恼,家庭情况等),双方坦诚相待、直言相告。这时,双方关系超出正式规范的限制,感觉比较放松,比较自在。如果关系在这一阶段因一些原因破裂,将会给双方带来较大的心理压力。

(4) 稳定交往阶段

稳定交往阶段的双方相互接纳程度更高,自我表露更深、更广,双方在交往时很少掩饰,关系稳定,允许对方进入自己高度私密的个人领域。双方如果能在一段时间内顺利进行交往,有可能成为亲密朋友,分享各自的生活空间、情感体验等,相互关心、相互支持。但是,能达到这种境界的关系很少,这也就是人们常说的"人生得一知己足以,斯世当以同怀视之"。

4. 人际关系破裂的过程

(1) 分歧

共同情感领域缩小乃至消失。

(2) 收敛

沟通过程中的轻松和愉快开始消失,双方都开始注意沟通内容的选择,试图避免触及对方的敏感话题,交往开始存在压力。

(3) 冷漠

交往双方开始放弃努力增进沟通,交往的氛围冷淡,言语和非言语沟通都缺乏热情。

(4) 逃避

双方尽可能地相互回避,尤其是两人的单独相处,避免尴尬和困窘。双方相互疏远,交往更加小心翼翼。

(5) 终止

结束这段关系是让双方解除心理负担、减轻痛苦的唯一选择。

【知识链接】

人际交往的距离

美国人类学家爱德华·霍尔博士为人际交往划分了四种距离。

① 公众距离(3.7~7.6米):无关系的人或陌生人之间的距离。比如:公共场合中演讲者与听众之间的距离。

② 社交距离(1.2~3.7米):可以相互亲切握手、友好交谈的距离,这是与熟人交往的空间距离。

③ 个人距离(0.46~1.2米):人际交往中稍有分寸感的距离,较少直接的身体接触。

④ 亲密距离(0.15~0.46米):彼此能感受到对方的体温、气息,可以挽臂执手,或促膝谈心,如亲人之间、恋人之间的距离。

(二)人际交往的特点

1. 交往愿望迫切

大学生思想比较单纯,精力充沛,兴趣广泛,活泼好动,对人际交往有强烈的需求。每一位大学生都渴望拥有良好的人际关系,人际交往氛围和谐、融洽。他们希望获得老师、同学的尊重、认可、接纳、信任,希望能够拓宽人际交往圈子。

2. 比较注重情感需求

大学生在人际交往过程中,比较注重内心的情感需求,交往过程中功利因素较少,情感因素较多。他们渴望真诚、纯洁的友谊,渴望情感的交流,想获得情感需要的满足,对友情和爱情有需求。

3. 注重平等

很多大学生认为人与人之间的交往应该是平等互助的。同学之间有共同的学习目标和任务,不存在较大的利益冲突,而且学校老师对学生的要求、给予的机会都是平等的。学生在学校中都是平等的成员,因而他们之间的人际关系比较稳定,友谊比较长久,遇到矛盾或问题时,也比较容易解决。

4. 内容比较丰富

由于大学生爱好广泛,情感丰富,精力充沛,求知欲强,他们对自然现象、社会现象比较关注,希望自己见多识广。特别是在信息化时代,大学生人际交往内容更加丰富,不仅包括所学专业以及感兴趣的知识,而且还涉及衣、食、住、行等方面。

（三）人际交往的一般原则

① 树立平等意识，尊重他人；
② 能够严于律己，宽容他人；
③ 做到为人正直，诚实守信；
④ 互相帮助、互惠互利。

（四）人际交往的方法

1. 加强素质修养

大学生要注重内外兼修，要提高内在修养，包括：道德素质修养（待人真诚、宽容、诚实守信、心胸宽广等）和文化知识修养。同时，也要提高外在修养，如健美的外形、豁达的风度。

2. 塑造优良的心理品质

① 要有积极乐观的交往态度；
② 要有自信；
③ 养成主动交往的习惯；
④ 热情待人；
⑤ 要尊重别人的隐私；
⑥ 耐心和虚心倾听他人；
⑦ 学会赞美；
⑧ 把握交往分寸。

二、人际冲突及调适

（一）人际冲突

1. 人际冲突的基本概念

人际冲突是指由于利益矛盾、观点不一、个性差异等引发的人际交往对象之间的紧张状态和对抗过程。

2. 人际冲突的基本表现

（1）寝室群体成为人际冲突的主要对象

大学生是人际交往非常活跃的群体，但交往常以自我为中心。人际冲突经常发生在交往最密切的群体中。大学生的人际冲突主要发生在寝室群体中，因为高校基本上实行住宿制，寝室是学校最基础、人际交往最频繁的居所。

（2）非利益冲突成为主要表现形式

一般来说，利益是产生冲突的基本原因，但非利益冲突却是大学生人际冲突的主要表现形式。"自尊心受到损伤"是大学生产生人际冲突最主要的原因，说明大学生强烈要求在交往中得到他人尊重。

（3）价值观差异成为人际冲突的主要原因

大学生比较关注自我，注重个性表达，以自我为中心，心智尚未成熟，性格不稳定，争强好胜。当他人对自己的价值观表示怀疑或反对时，就很容易产生人际冲突。在导致人际冲突的原因中，价值观差异也是主要原因，另外，个性不合、意见相左，心情不好，生活习惯差异，利益冲突也是导致人际冲突的原因。

(二)人际冲突的调适

和解与协调是解决人际冲突的主要方式。当冲突产生时,大学生不希望冲突升级,影响双方的关系,但又担心容忍退让会让人觉得自己胆小懦弱。因此,大学生一般"以理抗争"来解决冲突。沟通和自我反思是冲突发生之后大学生采取的主要应对方式,这体现出大学生应对冲突的主动性和希望妥善处理冲突的愿望。大学生在人际冲突发生之后,请求第三方面调解的不多,表明多数大学生都愿意自己解决问题,或积极应对,或消极回避。

1. 开展冲突应对教育,提高人际协调能力

大学生冲突应对教育是指通过一定教育途径,使大学生正确地认识、有效地处理冲突,提高冲突应对能力。学校要将冲突应对教育纳入大学生心理健康教育,以提高大学生的认知能力、沟通能力、合作能力、协调能力和自我情绪管理能力等,帮助大学生增强社会适应能力。一方面,可以开设有关人际交往或人际冲突的心理健康教育课程或讲座,使大学生从理论上掌握人际交往的基本原则或技能,掌握基本的人际冲突应对策略,学会使用恰当的人际沟通方式,提高抵御人际冲突不良后果的能力;另一方面,可以开展丰富多彩的校园文化活动和社会实践活动,给大学生提供人际交往机会,使大学生在活动或实践中掌握人际交往原则,学习人际交往技巧,把握人际交往的分寸,提高应对人际冲突的能力,从而逐步养成良好的社会协调能力和人际交往能力。

2. 改善对冲突的认识,提高自我调适能力

在人际交往中,冲突的发生是不可避免的。个体对人际冲突的看法越消极,在冲突发生时,体验到的消极情绪越强烈,导致人际信任度下降,形成人际疏离。在大学生心理健康教育中,应引导大学生对人际冲突形成合理看法,客观地分析其中所包含的不合理、绝对化的成分,在此基础上,创设具体的情境和活动,转变消极看法。

3. 学会正确地自我宣泄,提高情绪调节能力

人际冲突会使人产生一系列消极的情绪反应,如果能积极地转移注意力,将有助于从心理困境中走出来。大学生应学会正确地自我宣泄,比如:积极进行户外活动,找知心朋友聊天,也可以欣赏自己喜爱的文学作品或电影,条件允许的话,可以定期外出旅游。同时,大学生应不断增强自己的心理品质,尽量避免人际冲突的发生,有意识地控制波动的情绪,以乐观、坚强的态度积极面对所遇到的困境,采取适合自己的人际交往调适方式,以良好的心态去创造和谐、轻松的人际交往环境。

【知识链接】

一项对大学生人际关系质量的影响因素研究

人际关系是影响大学生心理健康的关键因素。大学生人际关系是否和谐受到自尊水平、父母教养方式、价值观等因素的综合影响,而大学生人际关系受阻,主要是由个体的自尊、自负、猜疑、胆小、害羞、嫉妒等主观体验造成的。为此,赵崇莲和郑涌采用罗森博格的自尊量表、父母养育方式评价量表、大学生价值观问卷、自编"大学生人际关系主观因素问卷"及"人际关系质量量表",对大学生进行调查研究,以探讨大学生的自尊、父母教养方式、价值观对人际关系的影响,提高大学生人际关系质量。

调查方法为分层随机整群抽样法,分别选取北京、辽宁、广东、广西、重庆、云南、江西、湖

南、四川9所高校一至四年级的本科大学生,共发放问卷1137份,收回有效问卷1031份,有效回收率为90.68%。参与问卷调查的学生性别、年级比例相当。

调查结果发现,自尊、父母教养方式、价值观这三个因素对大学生人际关系的解释率只有25.6%,而影响大学生人际关系的主观因素都对人际关系的质量产生影响,其方程解释率为46.8%。这表明相对于自尊、父母教养方式、价值观来说,影响大学生人际关系的主观因素对人际关系的作用更为明显。本调查还发现,自尊、父母教养方式、价值观对人际关系质量的影响是间接的,主要是以人际关系的主观因素,即人际安全、人际张力、人际阻抗和人际报复为中介。可以认为,由于影响人际关系的主观因素是指影响大学生正常进行人际交往和相处的主观体验和行为,自尊、父母教养方式、价值观对人际关系质量的影响,实际上归根结底都会转化为一种个体本身的主观体验和行为,因此,人际关系的主观因素对人际关系质量的直接影响才显得较为突出。这进一步说明了在学校心理健康教育工作中,应充分发挥人际关系主观因素的作用,有的放矢地提升大学生的人际关系质量。

(三)克服人际交往中的认知偏差

"知人者智,自知者明",能否正确地认识和了解他人,关系到人际交往能否顺利进行。要走出对他人认知的心理误区,应注意以下六个方面。

1. 首因效应

首因效应是指最初接触到的信息所形成的印象对我们以后的行为活动和评价的影响,首因效应也叫"第一印象"效应。初次见面,我们会通过对方的面部表情、仪容仪表、言行谈吐等形成第一印象。第一印象一旦形成就很难改变,虽然后来的印象与第一印象相差很大,但是很多时候人们还是习惯于第一印象。大学生应该重视第一印象,第一印象是交往的开始,同时,也要明白日久见人心。

2. 近因效应

近因效应是指在与人交往的过程中,对他人最近、最新的认识占主体地位,掩盖了以往对他人的评价,近因效应也称为"新颖效应"。比如:对于多年不见的朋友,双方最深刻的印象其实就是临别时的情景。

3. 刻板效应

刻板效应又称"刻板印象"或"定性效应",是指对事物形成的一般看法和个人评价,认为某种事物应该具有其特定的属性,而忽视事物的个体差异。社会按性别、种族、年龄或职业等分类而对人形成固定印象,如:北方人是性情豪爽、胆大正直的;南方人是聪明伶俐、随机应变的;商人常常被认为是重利的;人们对教授的印象一般是白发苍苍、文质彬彬的……很多情况下,我们在评价他人时,习惯于把他看成是某类人中的一员,认为他具有某类人的品质。当我们把人笼统地、固定地、概括化地加以认识时,就形成刻板印象。

4. 晕轮效应

晕轮效应最早由美国著名心理学家爱德华·桑戴克于20世纪20年代提出,又称"光环效应",指人们对他人的认知判断首先主要是根据个人的好恶得出的,然后再从这个判断推论出认知对象的其他品质的现象。如果认知对象的某个方面被认为是"好"的品质,他就会被"好"的光环影响,他的其他方面也会被赋予一切"好"的品质;如果认知对象的某个方面被认为是"坏"的品质,他就会被"坏"的光环影响,他的其他方面也会被认为是"坏"的品质。晕轮效应是一种夸大的现象,正如太阳、月亮的光辉,在云雾的作用下形成一种光环。通常表现在一个人对另一个人某个方面的印象决定了对他的总体印象,而看不到对方的真实品质。有时候,晕轮效应在人际交往中会产生积极作用,比如:你对人很真诚,那么即便你能力一般,别人也会对你有较高的评价。晕轮效应会使人产生以偏概全的印象。

美国心理学家戴恩·伯恩斯坦曾经做过一个实验,他给参加实验的人呈现一些人物的相片,这些相片中的人物分为三类:相貌好、相貌不好、相貌一般。他让参加实验的人来评估以上人物的婚姻、职业状况、社会地位、职业幸福感等。结果几乎在所有被评估的特征上,外表有魅力的人物总能得到最高评价,这些人物仅仅因为长得好看,就被认为具备所有积极的、肯定的品质,这就是"晕轮效应"。

5. 投射效应

在现实生活中,不可避免地出现"以己度人"的现象,也称为投射效应,即在与人交往的过程中,人们常常会假设他人与自己有相同的爱好或倾向等。

心理学家罗斯曾通过实验来研究投射效应,他问 80 名参与实验的大学生是否愿意背着一块大牌子在校园里走动。结果,48 名大学生同意,并且认为大部分学生都愿意背,而拒绝背牌子的学生认为应该只有少数学生愿意背。这个实验说明这些学生把自己的态度投射给了其他学生。

投射效应是指将自己的观点和看法转移到其他人身上的现象。在对他人形成印象时,以为他人也具备类似的特性,把自己的认知、情感、意志等强加于人。比如:一个心地善良的人会以为别人也是善良的;一个吝啬的人认为别人也很吝啬。为了避免投射效应的消极作用,我们应该合理认识和评价他人,尽量避免以己度人。

6. 心理定势

心理定势是指人们经常用"老眼光"或已有的知识、经验来对待问题的心理倾向,也叫思维定势。

定势效应表现在人际交往中,即人们习惯用一种固定化的模式去认识他人。比如:我们会认为老年人思想固化、墨守成规,而他们会认为年轻人缺乏经验,不堪重负。心理定势效应常常会产生偏见、成见,影响我们的认知。所以,我们应本着"士别三日,当刮目相看"的态度看待他人。

第二节　同学关系

一、宿舍人际关系

大学宿舍人际关系是社会人际关系的缩影,是大学生思想、行为及情感的晴雨表。

宿舍人际关系一直是困扰大学生的一个重要问题。北京师范大学聂振伟教授说:"当前很多大学新生不能处理好宿舍人际关系,导致抑郁感、孤寂感,整天闷闷不乐,甚至发展成宿舍焦虑症。"

（一）宿舍人际关系的影响

宿舍人际关系是大学生在校期间与舍友们在宿舍里互动而形成的心理关系。能否处理好宿舍人际关系是衡量大学生心理素质以及人际交往能力的重要依据。大学生在宿舍与舍友的接触时间比与其他人的接触时间长。与舍友的关系融洽与否，直接决定了大学生活是否愉快。

1. 宿舍人际关系的消极影响

如果宿舍人际关系不良会严重影响大学生身心健康。具体表现在以下三个方面。

（1）易感到孤独

大学生从迈入大学校园的那一刻起，就要面对一个全新的环境。大学人际关系已经不像中学时那么简单，从而使一些大学生感到同学之间人情冷漠，容易感到孤独。

【案例分析】

我好孤单

李幂(化名)，男，19岁，大一新生。他性格比较内向，不擅长与人沟通，上大学之前从来没有住过校。进入大学后，他与五名学生同住一个宿舍。在优越家庭环境中成长的他，看不惯舍友"不良"的卫生习惯，更不喜欢他们无规律的作息，尤其不喜欢他们的高谈阔论，与大家合不来。他看不惯那些同学，减少与同学们的交往。时间一长，他发现舍友说说笑笑，进出都结伴而行，似乎无视他。他开始感到失落，孤独感油然而生，曾经多次萌发过主动与他们交往的念头，可都事与愿违。他回宿舍时总觉得同学们都在议论他，对他评头论足，还窃窃私语，一副嘲笑、鄙视的模样。他觉得受不了，想换宿舍，但宿舍床位紧张，很难调换。为了避开舍友，他很少回宿舍，睡觉时才回去，即使这样，似乎还是没有减少他们对自己的议论与不满。他开始失眠，不想吃饭，身体消瘦很多，精神状态越来越差。他感觉自己听课效率也越来越差，最后终于病倒了。在住院期间，舍友轮流守护在病床旁，看到那些平时自己厌烦的同学都忙着照顾他。他把内心的苦闷与孤独告诉了大家，才知道原来一切都是自己"想"出来的，舍友只觉得他不愿与他们交往，并不知道他不快的情绪这么强烈。

分析：李幂同学由于看不惯舍友而拒绝与他们交往，最终落单了，这使他失落、孤独、消极的心理状态导致身体不舒服。在舍友的温暖陪伴中，他意识到了自己的问题，与同学们和好。这个案例告诉我们不要因为任何原因而封闭自己，每个人都需要别人的关心与支持。我们要学会包容，学会理解，学会换位思考。要改变自己的不合理认知，逐步适应多人的宿舍环境，同时，积极参与活动，就会发现交往的乐趣。

（2）易引发心理疾病

缺乏交往技巧或在交往中受过伤害的大学生易产生心理挫折或自卑心理，甚至会产生社交恐惧症。严重的人际纠纷还可能给大学生造成持久的精神痛苦或引发严重后果。

【案例分析】

我究竟有什么问题？

宋莉(化名)，女，20岁，大二学生，学生干部。该生自述学习成绩优秀，但人际关系比较紧张，不仅与宿舍同学相处不好，与班上的许多同学也无法正常交往。在同学们心目中，她是一个清高、傲慢的人，不易接近。她为此也很头疼，只要是她主持的活动项目，同学们似乎都有意不参加,好像故意和她作对。而她我行我素,万事不求人,几乎不接受别人的帮助,也认为自己没有义务帮助别人。她学习成绩好,可当同学向她求教时,她要么说不知道,要么就不耐烦,时间一长,同学们都不愿意和她交往,人际关系也越来越差。她也对自己的人际关系状况十分不满意,感到孤独、没有归属感,有时感觉这种孤独感令她窒息,内心也很焦虑,但不知如何改变。她自己也纳闷:"我究竟有什么问题?"

分析:宋莉人际关系不良的重要原因就在于她是一个不懂得接受,更不知道给予的人。在她的观念里,每个人只要做好自己的事情就足够了。如果一个人没有给予他人帮助以及帮助他人的意识,就会让自己生活在孤独的世界里,而且影响身心健康。宋莉应该学着改变与同学说话的方式,尊重和理解同学,培养团队合作意识,慢慢体会助人的乐趣。

(3)易产生冲突

与舍友之间的接触机会越多,就越容易引发误会、矛盾、纠纷甚至伤害。

2. 宿舍人际关系的积极影响

宿舍是大学生生活与休息的"新家",也是一个无形的课堂。宿舍往往是家庭模式的再现。良好的宿舍人际关系有利于大学生的身心健康,具体表现在以下三个方面。

(1)补偿情感缺失

新生入学时,发现生活、学习以及人际交往等方面都发生了改变,他们会感到孤独、无助。大学生往往最先认识同宿舍的同学,通过宿舍成员之间的交往,他们逐渐熟悉,孤独无助的情感得到慰藉。

(2)培养良好的人格特质

宿舍成员的言行举止会潜移默化地互相影响、改变着对方。如果大学生在住宿期间养成了热情主动、积极乐观、勤俭节约的良好习惯,会让周边的舍友受益。

(3)促进个人的成长

宿舍的文化氛围会影响宿舍成员追求的目标,对个人的成长与发展有潜移默化的影响。如果整个宿舍形成了积极向上的良好氛围,它将会促进大学生的成长,提高幸福指数。

(二)建立良好宿舍人际关系的策略

1. 制订宿舍规则

(1)商定作息时间

宿舍全体成员应当根据实际情况商定作息时间,尽量统一起床、睡觉时间。如果舍友影响了其他人的作息时间,大家可以商量一下这个问题如何解决,或者可以委婉地向舍友提出建议。如果舍友之间不能解决问题,可以请辅导员或班主任协商。

(2)协作搞好宿舍卫生

宿舍中每个成员都有义务打扫宿舍卫生,宿舍卫生需要大家共同维护。宿舍中每个成员必须尽力做好卫生工作,要独立自主,养成爱劳动的好习惯。对于没有按时值日的舍友,宿舍长要及时提醒,但要讲究方式和方法。

2. 注重交往细节

(1)不设"小团体"

大家能够住在一个宿舍,就是一种缘分,要懂得惜缘。在宿舍里,要互相尊重、互相理解、互相帮扶,尽量做到严于律己,宽以待人。比如:在吃饭时、外出上课的路上,所有宿舍成员可结伴而行;不在舍友背后说悄悄话;不要设"小团体",不要拉帮结派。

(2) 不逞口舌之快

在与对方交流时,要尊重对方,耐心听对方诉说,等待对方说完后自己再说;谈话中间要有简短的回应,让对方觉得你很在意他;说话的时候要心平气和;不说脏话或侮辱对方的话;谈论时应该就事论事,语速适中,声音平和。

(3) 不触犯舍友隐私

在与舍友相处时,要尊重舍友的隐私,未经同意,不可擅自乱翻、乱动舍友的物品。要保守舍友的秘密,不可随意说给别人听。每个人都有自己内心的秘密,如果舍友有不愿公开的事情,也不要去探求。

(4) 接受他人的善意

接受舍友的邀请既是接纳舍友,也是尊重舍友的表现。假如一概拒绝邀请会给人比较清高傲慢的印象,可能使宿舍关系产生隔阂。接受他人的善意不仅体现在物质层面上,更体现在精神层面上。当接受别人的礼物时,要真诚地说声"谢谢",要有感恩之心。

(5) 有难要帮,有事要求

帮助他人,会给我们带来心理上的价值认同感和自豪感;获得帮助,会给我们带来被关怀和被爱的体验。互帮互助能够加强彼此的沟通与交流,增进彼此之间的情感。

(6) 积极参加集体活动

宿舍活动不只是一个活动,更有助于增进舍友之间的感情。如果因某种原因确实不能参加,可以跟大家说明情况。不要勉强舍友参与活动,更不要一口回绝舍友的邀请。宿舍集体活动的多少也可以反映宿舍的团结程度。

(7) 学会宽容

在与舍友相处时,要懂得宽容礼让,尊重差异、尊重对方。宽容对方,也就是宽容自己。

3. 积极化解冲突

舍友之间闹矛盾,存在敌对、对抗、怀疑、拒绝等不愉快情绪,这对宿舍每个成员的身心健康影响很大。宿舍成员朝夕相处,磕磕绊绊在所难免,但一个高情商的、善于处理人际关系的人,会作出让步,主动协调。比如:舍友要提前彩排节目,而你正好有一个道具,你可以这样说:"好吧,你先拿我这个,待会儿我再做一个就行。"在接水时,轮到自己了,但看到舍友比较着急,可以说:"你先接水吧,我等会儿再接。"

二、班级人际关系

大学生的班级人际关系是指在班集体中,同学之间在相互交往中形成的一种比较稳定的心理关系。班级人际关系的好坏,不仅影响班风、班级凝聚力和向心力,而且影响大学生人格发展与个体社会化的形成。

(一) 常见班级成员类型

班级常见人际关系即同伴关系,更多反映的是同学之间的心理关系。班级成员一般可分为人缘型、中间型和嫌弃型。

1. 人缘型

人缘型的学生一般具有良好的家庭教养、热情开朗、主动积极,有明确的学习和生活目标,有独立见解;自制力较强,有坚强的意志品质;善于自我剖析,深得大家喜爱,是老师的好助手。

2. 中间型

中间型的学生通常具有较好的天资,积极向上,但缺乏克服困难的勇气,自信心不足;在做事情时,一般虎头蛇尾,缺乏竞争意识。这类学生在班级中占大多数。若能引导这类学生参与班级事务,将有助于班级工作的开展。

3. 嫌弃型

嫌弃型的学生在班级中常被冷落,默默无闻,自尊感较低。有时这类学生做了好事不留名,很难感受到温暖和关爱。我们应该帮助这类学生,让他们感受到归属感。

(二)班干部应具备的意识

班干部是辅导员(班主任)、任课老师的得力助手,是开展班级工作的带头人,是老师与学生沟通的润滑剂,在良好学风的营造、文明班集体的建设方面起积极的推动作用。班干部应当珍惜、锻炼自己的沟通能力、组织能力,充分发挥表率作用,承担责任。班干部应具备以下意识。

1. 责任意识

班干部要做辅导员(班主任)的小助手,要为做好班级工作出谋划策,尽心尽力,做好上传下达的工作,实事求是上报情况,深入同学当中了解情况;树立服务学生的观念,积极主动为学生办实事、办好事;要注意清晰地传达信息,遇事灵活应对。

2. 表率意识

班干部要起到模范带头作用,要与同学们共同进步,严于律己、宽以待人。要设身处地为同学着想,脚踏实地为班级做事情;在荣誉面前沉稳低调,再接再厉;在日常生活、学习中,不搞特殊化,得到老师、同学的认可与信任。

3. 机遇意识

班干部是为老师、同学服务的人员,要把为班集体工作当作锻炼自己的舞台。应为班集体、为同学们积极主动地做事;要正确对待自己在班级中的角色,不要好高骛远,要"在其位谋其事";要抓住机遇,真抓实干,为班集体作贡献。

(三)建立良好班级人际关系的策略

1. 改变认知,调整心态

大学班级中的学生,在人格特征、生活习惯、家庭背景等方面存在差异,难免产生矛盾与纠纷。当对同学的言行举止感到不舒服时,我们可以试着改变认知,调整心态。可以把消极的心态调整为积极的心态(表6-1)。

表6-1 消极心态与积极心态

消极的心态	积极的心态
同学身上没什么好品质,不值得结交	同学身上一定有好品质,只是我没发现
竞选班委和我没有什么关系	我也可以竞选班委,锻炼一下自己

2. 打破人际交往困惑

人际交往困惑是大部分大学生面对的话题。大学生可以思考如下问题:同班同学的优缺点是什么?对他们的了解有多少?他们的无心之举,我们能宽容吗?与同学之间有冲突时,我们自己做出了多少努力?我们可以通过以下活动来了解同学。

（1）尝试了解同学

活动须知：请班级中一名学生做组织者，组织者要提前熟悉活动内容。

第一，按照组织者的指导语，每人拿出一张15厘米左右的小纸条。

第二，按组织者的指导语将纸折叠，并在纸的不同方位撕出大小不等的洞。

第三，展开纸条，和周边同学进行对比，发现图形的差异。

第四，全班同学集体讨论，面对同样的指导语，为什么大家撕出来的图形完全不同。

图形的差异说明了人与人之间的差异，这种差异源于各自不同的生活经历、兴趣爱好、性格等，只有了解了同学们的过去，才可以更好地了解、认识现在的他们。我们要尊重这种差异，接受这种差异，不应该以自己的认知去衡量和要求别人。

（2）淡化缺点，发现优点

请准备一些不好看、看似有很多瑕疵的苹果，请同学们仔细观察，大声说出苹果的优点。

我们要明白任何事物都有不完美的地方，不要过于苛求与挑剔，更不可盯着缺点不放。同学们应善于发现他人的优点，淡化他人的缺点，学会宽容、学会理解。

可以尝试着寻找同学的优点。

第一，找一位同班同学，试着接触并观察这位同学，每天记录这位同学的一个优点；

第二，10天之后，找两位同班同学，接触并观察他们，发现他们的优点并记录下来；

第三，每隔10天，逐步增加接触的同学人数；

第四，发现每个同学都有优点，也逐步扩大了人际交往圈。

（3）打破人际交往的"寒冰"

有些学生之间虽然物理距离近，但是没有深入了解，没有接触和交流。通过以下活动，希望能帮助同学们打破班级人际交往的"寒冰"。

请班级中一名学生做活动的组织者，引导同学们做以下步骤。

第一，给每名学生发一张卡片，请大家在卡片上写自我介绍，注意：不写姓名，所写的内容可以包含兴趣爱好、能力、气质、性格特点、对人生的感触、人生规划、最喜欢的名言警句、对自己影响最大的人等。表达的内容不限，题材不限，可以自由发挥。可以用图表来呈现，也可以用文字、符号等。

第二，把卡片收集在一起，并随意打乱顺序，班级中每名学生从里面抽出一张。

第三，根据抽到的卡片，尝试着寻找它的主人，找对后，与他（她）对话20分钟左右。

第四，彼此交流完成后，将卡片收回。这时候，组织者从众多卡片中随意抽取一张，读出卡片上面写的内容，并请卡片上面的主人给大家分享一下他（她）的故事。

第五，同学们畅所欲言，谈谈参加本次活动的感受和体验。

只有主动出击，才能打破人际交往的"寒冰"，只有大家互相交流，才能不断增进了解。

（4）冰释前嫌

人际冲突一直是人际交往中关注的话题之一，如果有不愉快的情绪情感体验，可以通过以下活动来"冰释前嫌"。

请班里一名学生做组织者，带领大家做"心有千千结"的团体心理辅导游戏。

① 各组组员手牵手连成一个大圆，面向圆心。

② 请组员一定要记住自己的左手和右手分别牵的是谁。

③ 松开手。组员们在小范围内随意走动。

④ 等待一定时间后,组员们站定。在不挪位置的情况下去牵原来左右手牵的人(如果实在够不着,可稍微挪动一些)。

⑤ 现在手与手之间,人与人之间,结成了一个异常混乱的死结。要求在不松手的情况下把结打开。最后恢复成刚开始手拉手组成圆的状态。

⑥ 当出现"结"很难打开的情况时,应继续尝试解开。只要每个人的左右手牵的是刚开始的同伴,这个结是肯定能打开的,并且能恢复到原样。

心有千千结,也有千千解。在"心有千千结"这个活动中,看似人与人之间结成了复杂的"结",但是经过一番穿梭,跨越复杂的"结",游戏就开始变得简单。这个游戏告诉我们在人际交往过程中,不论多么复杂的心结,只要双方积极地沟通、交流,误会总会消除。

在生活中,和同学之间总是会有些小摩擦,有些学生可能因为怕丢面子或其他的原因没有很好地解决。其实,只要任何一方主动找对方和解,把事情说开,不要把心结放在心里,心结自然被解开。

3. 改善班级人际关系,提升班级凝聚力

(1) 做好表率,以身作则

班干部要做好表率,要求同学们做到的,自己首先必须做到,不让同学们做的,自己也坚决不能做,要言行一致,表里如一。

做好表率是最能让同学们信服的。班干部应该忠厚诚实、乐于助人、为人正直,这样才会树立威信。班干部既要有为同学们服务的真诚态度,又要有吃苦在前、享乐在后的奉献精神,这样才有说服力。

(2) 多接触,多了解同学

在调查什么样的班干部才是学生认可的班干部时,大部分学生的回答是"和同学们相处愉快""了解班里每一位同学,包括生活习惯、兴趣爱好、家庭状况和生活背景等"。

班干部要多与同学们接触,特别是对于性格内向、关系比较生疏的同学,更要经常保持联系。要了解同学,设身处地为同学着想,取得同学们的信任。

(3) 自我反省,调整心态

"智者千虑,必有一失",班干部在做事情的过程中,犯错误是不可避免的。如果失误了就首先要检查反省自己,切忌推卸责任。在遇到困难时,要善于寻找解决问题的方法,同时,要调整好心态,尽自己最大的努力。

(4) 良好沟通,平等相待

班干部与同学们的身份是平等的,大家都是同龄人,都是学生。班级里组织活动或竞赛,要征求同学们的意见,有事情要商量着来,班费开支、班级评比结果等要及时公布。

(5) 学会激励、帮助同学

班干部要取得同学们的信任与支持。俗话说"一个好汉三个帮",要学会激励同学们,同时,同学遇到困难时,要想办法去帮助。

第三节 亲子关系

一、亲子关系的概述

(一)亲子关系的概念和内容

亲子关系一般是指父母与其亲生子女、养子女或继子女之间的相互关系,它是以血缘关系和共同生活为基础,以抚养、教养或赡养为基本内容的自然关系和社会关系的统一。

亲子关系包含以下三方面内容:第一,自然的血缘关系;第二,人伦道德关系;第三,法定的养育、监护关系和法定的赡养关系。亲子关系乃是亲情、道德和法理浑然一体的关系。随着子女的成长,父母年龄逐渐增长,亲子关系便明显地表现出年龄阶段性质。

(二)亲子关系的重要性

家庭是我们人生的第一个驿站,父母是孩子的第一任老师。亲子关系是人生中最早形成的人际关系,也是家庭中最基本、最重要的一种关系。一个人的基本态度、行为模式、人格结构、应对方式等在亲子关系中逐渐形成和固化,成为个人的独特色彩。亲子关系对儿童和青少年的认知、情感和健全人格的形成都具有极其重要的影响。特别对于大学生来说,大学生正处于认识自我、融入社会、就业择业、恋爱婚姻等方面的关键转折时期,孩子与父母之间的互动对孩子的个人发展和人生选择尤为重要。

(三)亲子关系对大学生心理健康的影响

1. 亲子关系与大学生情绪

家庭是心灵的港湾,家庭的温暖是大学生的重要支持,亲子关系的和谐与大学生的情绪密切相关。亲子关系和谐、家庭融洽,大学生就无后顾之忧,有利于更好地生活、学习、人际交往等。但如果家庭破碎、父母失和,亲子关系失衡和破裂,大学生就会情绪低落,内心压抑,甚至会有更严重的后果。

学者易春丽、钱铭怡应用计算机检索关于家庭对青少年抑郁的影响的文章和书籍,结果显示,家庭可以从不同方面对青少年的抑郁产生影响:父母的遗传影响青少年的抑郁倾向;父母的生育年龄过高或过低都会对青少年的情绪有负性的影响;家庭的应激事件和青少年抑郁有着密切的关系;父母抑郁,特别是母亲抑郁,会使得青少年抑郁的风险大幅提高;父母以负性教养方式为主,缺乏正性的情感支持,则青少年抑郁发生的概率会增加。

家庭可以从许多方面对青少年抑郁产生影响,对家庭的有效干预有助于减少青少年抑郁的发生。

2. 亲子关系与大学生人格塑造

青少年人格的形成和发展与亲子关系有着密切的关系,不协调的亲子关系在子女不良性格和不良行为的形成中影响重大。良好、和谐的亲子关系有利于大学生形成较完善和健全的人格,而缺乏沟通、疏离的亲子关系容易导致大学生产生人格缺陷。

3. 亲子关系与大学生人际关系

对于个体来说,父母关系的和谐程度决定着个体能否与他人建立良好的人际关系。良好亲子关系中感受到的被爱、被尊重、被接纳、被欣赏,是孩子与他人建立良好关系的基础。在冷暴力、争吵、无爱家庭中成长的孩子不易相信别人,不善建立良好的人际关系。

4. 亲子关系与大学生心理障碍

亲子关系常常会对个体的心理发展产生一定的影响。若父母教养方式健康、积极,亲子关系良好,子女往往采用积极的应对方式处理问题,但如果父母过分干涉子女、一味否定子女,可能会使子女产生心理问题。另外,网络成瘾与亲子关系具有显著负相关,亲子关系越好,子女越不容易出现网络成瘾行为。

5. 亲子关系与大学生学习状态

一般来讲,大学生的学习受到智力因素、知识结构、学习习惯、教师水平、校风学风等因素的综合影响,亲子关系对学习也有一定的影响。在"和睦""平常""紧张"三种不同的家庭气氛下,学生的学习成绩存在显著的差异。"和睦"的家庭气氛使学生的学习成绩优于"平常"的家庭气氛下学生的成绩和品德;"平常"家庭的学生成绩又优于"紧张"家庭气氛下的学生。温馨、和谐的亲子关系有助于使孩子积极乐观、充满自信,同时,孩子能够将父母的期望合理地内化为学习的动力,在学习遇到困难时采用积极的应对方式突破难关。

二、亲子关系与个体心理发展

近年来,儿童与青少年问题行为的产生与发展及父母教育因素的研究是儿童个性、社会性发展研究中的一个重要领域,国外学者在这个领域进行了大量的研究工作,其中较为著名的有精神分析理论、行为主义理论、社会学习理论等心理学流派。

精神分析学派创始人弗洛伊德认为:"儿童的心理发展具有阶段性,每一个阶段都有自我意识形成发展的社会化任务,将为成人后的人格模式奠定基础。"瑞士心理学家荣格认为:"父母的家庭教育及其心理状况对儿童的心理产生直接而深刻的影响。"奥地利精神病学家阿德勒认为:"溺爱和忽视是两类最普遍的父母行为,并能导致儿童后来的人格问题。"凯伦·霍妮直接从文化中探寻个体人格的成长和神经症产生的根源,"幼儿出生后具有两种基本的需要,即满足和安全,如果子女缺乏真正的温暖和爱,会失去安全感,从而埋下产生神经症人格的隐患"。

行为主义学派摒弃了本能力量在儿童早期亲子关系中的绝对支配地位,而注重在观察、实验的基础上突出亲子双方社会经验的相互作用。早期的行为主义理论代表人物华生认为:"后天的环境和教育是行为发展的唯一条件,幼年时期训练的差异可以导致成人行为差异。"斯金纳从"按压杠杆试验"和"育婴箱"试验得出结论:"教养者若能良好运用强化技术,通过控制行为反应,即可随意控制儿童出现教养者所希望的行为。"

社会学习理论认为:"儿童的社会认知、个性的发展,甚至亲子关系的互动主要通过社会学习得来。孩子发展的差异主要反映的是孩子所暴露的学习环境的差异。"

以上理论尽管在许多方面有所不同,但这让我们有机会从不同角度看待亲子关系。

三、亲子关系的类型

亲子关系的类型根据依恋类型和父母教养方式可以做如下分类。

(一)按依恋类型分类

依恋是指婴儿与主要抚养者(通常是母亲)之间的情感联结,是一种特殊的感情关系,也是婴儿情感社会化的重要标志。美国心理学家安斯沃斯等曾经设计了陌生情境测验(strange situation test),将依恋分为以下三种类型。

1. 安全型(secure)依恋

母亲的陪伴给儿童足够的安全感,对于母亲离开和陌生人进来都没有强烈的反应。多数婴儿都属于安全型依恋。

安全型成人依恋特征为:发现与别人亲密并不难,并能安心地依赖别人,让别人依赖自己;不担心被别人抛弃,也不担心别人与自己关系太亲密。

2. 回避型(avoidant)依恋

以无所谓的态度对待母亲在场或离开。实际上这类婴儿与母亲之间并未形成特别亲密的感情联结,被称为无依恋婴儿。这类婴儿占少数。

回避型成人依恋特征为:发现自己很难完全相信和依靠其他人。在与他人亲密时会紧张,如果别人想与自己更加亲近一点,会感到不自在。

3. 反抗型(ambivalent)依恋

这类婴儿缺乏安全感,对于母亲离开非常警惕和反抗。但母亲回来时,婴儿一方面既寻求与母亲接触,另一方面又反抗母亲的安抚,非常矛盾,这一类型又叫矛盾型依恋,也是典型的焦虑型依恋。少数婴儿属于这种依恋类型。

反抗型成人依恋特征为:觉得别人不乐意像自己希望的那样与自己亲密;经常担心别人不想与自己亲近。

【知识链接】

陌生情境测验

陌生情境测验是在一间实验性玩具室内观察婴儿、养育者(多为母亲)和一名友好却陌生的成人在一系列情境中的行为与反应。在设计的8个情境中,儿童经历逐级增加的分离,整个过程约需20分钟。最初,母亲与儿童被邀请进入一间放有玩具的舒适的实验室,当儿童安静下来并开始玩玩具时,便有陌生人加入。随后,相继有母亲离去、陌生人与儿童相处、母亲回来后陌生人离去、母亲离去后儿童独处等情境,儿童的反应用录像带进行记录。事后,依据录像带的记录评估儿童的探索行为、对养育者与陌生人的倾向、在简单分离后重聚时对母亲的反应等,来将依恋进行分类。虽然儿童的所有行为都要考虑,但在区分依恋类别时,重聚时的行为表现具有最突出的意义。

(二) 按父母教养方式分类

父母的教养方式是指父母在教育抚养子女的过程中表现出的一种行为倾向,它是对父母各种教养行为的特征的概括,是一种相对稳定的行为风格。父母教养方式比较集中地反映了父母对待子女的态度,是其教育观念的反映,对子女多方面的发展具有重要影响作用。

一般认为,典型的父母教养方式有如下四种情形。

1. 过分干涉——严厉型

这类父母对子女各方面的管教特别严厉,经常用命令、指责的方式强迫孩子完成某种任务。"不准""禁止""必须"是他们教育的口头禅,一旦孩子不听从或未完成父母交代的学习任务就会遭到严厉的批评或惩罚。父母也常拒绝子女的合理要求,缺乏关怀和温暖,缺乏与子女之间的有效沟通。在这种父母教养方式下成长的青少年往往表现出懦弱、自卑、没主见、独立性差、唯唯诺诺、难以适应社会竞争的缺点。

2. 过度保护——溺爱型

这类父母对子女百依百顺、溺爱，对孩子本来可以自己完成的事情、自己可以回答和决定的问题总是包办；当孩子遇到某些困难时，父母总是设法帮助他绕过去或替其受过，担心孩子受到挫折。即使孩子犯错误，父母也不会把责任归咎于孩子。在这种教养方式下成长起来的青少年，人格幼稚，对父母的依赖性极强而且自信心不足，遇到困难和挫折便不知所措，与人交往时缺乏共情能力。

3. 放任不管——撒手型

这类父母或因离婚，或因忙于生意和工作，或很少回家，或夜不归宿，对子女的学习和生活漠不关心，对孩子的行为很少有约束和干预。在这种教养方式下成长的孩子常以自我为中心、不懂得尊重他人、任性、易冲动、逆反心理和自卑心理强。

4. 情感温暖——理解型

这类父母常向孩子表达自己的爱，允许孩子在某些方面有独到之处；当孩子遇到不顺心的事情时，常鼓励和安慰他们；父母信任和尊重孩子的意见，能理解孩子的不同意见，能让孩子顺其自然地发展；当孩子取得某些成功时，父母会以孩子为豪。在这种教养方式下成长起来的青少年心理健康、人格健全、人际关系良好。

【知识链接】

父母教养方式与子女心理健康的关系

不良的教养态度和行为与青少年反社会行为有着因果关系，家长不良的教养态度和行为是孩子发生问题行为的决定性因素。

在民主的家庭氛围中，家长更多地会倾向于与子女进行面对面的交流，将青少年摆在平等的位置上，把自己的思想传达给青少年。当子女有不同意见的时候，不急于否定，而是采取讨论或讲理的方式共同探讨。在这种和谐的家庭环境中，青少年往往会形成正确的世界观、价值观，有着强烈的求知欲望，能够更好更快地适应社会化的过程；而在专制的家庭氛围中，父母更多将自己的思想观念强加给子女，当子女提出不同意见的时候，就急于树立家长的权威，给予批评或者直接否定，这往往会让青少年处于极度的紧张情绪状态，青少年受到这种氛围的影响，容易形成孤僻、自我认同感低、焦虑等负性情绪。

四、亲子关系的影响因素

随着年龄的增长和独立性的增强，不少当代大学生与父母之间产生了代沟，在成长过程中遇到的困难和困惑也不愿意向家人倾诉，亲子关系逐渐呈现偶然性、暂时性和被动性等新特点。当代大学生在亲子关系中面临的一个重要问题就是如何正确处理代际关系，正确对待代际距离。"代沟"是两代人之间的心理状态、行为表现、价值取向以及道德观念等方面的差距。这种差异容易引起两代人的隔阂，老一代对新一代感到失望，新一代不喜欢老一代的干涉。两代人应正确对待代际关系，要互相尊重、互相谅解。

（一）社会因素

对于当代大学生来讲，由于社会的变革，必然会与父母在思想、习惯等方面存在差异，影响亲子间的交流与关系。另外,随着经济的发展、生活观念的改变,产生了农村留守儿童,留守子女与父母关系冷淡。同时,赏识教育代替"棍棒底下出孝子"等教育观念,必然也会影响亲子关系。

(二)家庭因素

1. 父母个体因素

父母的受教育水平、教育观念、心理健康水平是影响父母教养方式的重要因素。文化水平较高的父母,会主动获取有关家庭教育方面的知识,教育观念更加开放和科学;营造和谐的家庭氛围,对子女采用较为民主的态度,情绪稳定,处理方式成熟,给子女较多的尊重和理解,双方沟通融洽,亲子关系较好。

2. 父母婚姻状况

稳定、健康的婚姻关系容易促进和谐的亲子关系。夫妻与孩子之间是一个动态平衡的互动系统,夫妻关系是基础。如果夫妻关系出现问题,就会直接影响亲子关系。在不和谐的婚姻中,父母因精力、经济、心理等方面的不足而难以顾及子女的生活和感受,同时,父母关系所带来的紧张感,也会影响亲子关系的和谐。

3. 家庭经济状况

在经济状况好的家庭,孩子接触新事物的机会、与人交往的机会和表现自己的机会都相对较多,有助于培养外向乐观的人格。相反,有些家庭经济困难的孩子在生活的重负下变得自卑、孤独、内向和紧张,从而影响家庭和人际关系发展。家庭收入的高低与父母的文化水平显著相关,也与父母的职业水平显著相关。

(三)子女因素

1. 年龄特点

亲子关系具有一定的年龄阶段性,当孩子处于婴儿期和儿童期时,父母处于亲子关系的主导地位,亲子关系矛盾不明显。但是到了青春期,处于"心理断乳期"的孩子自我意识成熟,追求自我独立,与父母冲突增多,亲子关系容易受到影响。

2. 气质和性格特征

在亲子关系的互动中,子女特定的行为模式会影响父母所采用的教育方式,子女的性格特点、沟通方式、情感表达模式等同样会影响父母的反馈。因此,当子女乐于沟通、善于分享、愿意表达内心情感时,父母同样也会受到感染,可形成良性互动,促进亲子关系的和谐;反之,则会使亲子关系紧张。

五、亲子关系的调适

和谐的亲子关系是父母对孩子施以正向教育的基础,也是孩子幸福一生的奠基石。然而,在现实生活中,不少大学生感到父母不尊重和不理解自己,甚至因身体或精神上的伤害产生心理阴影。

(一)改善与父母的关系

1. 理解父母爱的语言

父母对自己的关心主要体现在生活和学习的小事上,大学生可能会感觉父母唠叨,但这是父母表达爱的方式。要主动让父母了解我们的变化,理解我们的想法。

2. 客观看待差异

要认识到自己和父母在知识、能力和追求等方面的差异,从内心尊重和理解父母的想法,愉快地接受父母正确的意见、建议。

3. 通过换位思考了解父母

要了解父母的辛苦,体验父母的情绪和需要,给予父母更多的精神安慰。你是否知道父母的生日?是否了解他们的饮食喜好?是否有面对面的爱的表达?是否愿意和父母分享生活?有多久没有拥抱过父母?当我们能够主动去关心父母时,亲子关系就会出现良性互动。

4. 主动与父母沟通

要多和父母聊聊天,缓解他们生活和工作中的压力;主动提议开展一些有利于感情交流、心灵沟通的活动,多和父母讨论一些新的观念、新的思想。

5. 寻找父母的优点

要将父母看成独立的个体,用全新的方式和积极的态度观察父母,寻找父母的优点。可以回忆童年的温馨瞬间,用真诚的态度赞赏父母。

(二)学会与父母和解

在长期争吵的家庭中,家长和孩子一旦发生冲突,感情就会受到严重伤害。其实,亲子之间有不同的意见,发生冲突是正常现象,冲突本身未必不好,重要的是要学会面对。一般情况下,与父母之间的冲突,往往源于父母对我们的高标准、严要求以及家庭矛盾和生活观念上的冲突。我们应该学习处理不良情绪,主动与父母沟通,表现出妥善解决的诚意,说明双方产生意见分歧的原因和背景。同时,也要注意在与父母沟通的过程中所传递的语言和非语言信息。

在与父母相处时,应注意如下原则。要理解父母并非完人,也有情绪不佳的时候,不要苛求他们。面对冲突时要控制情绪,哪怕父母当时指责和冤枉了自己,也不要急于抢白、辩解,应避免情绪冲动时的"离家出走""断绝关系"等行为。要学会主动与父母交流,当与父母意见发生分歧时,不采取回避、疏远、顶撞的态度。长时间争吵或冷战的方式是不明智的,也是最伤害感情的。要找到父母能接受的沟通方式,如写书信、发微信、找中间人等,促进事实陈述和情感表达。与父母产生冲突时,要控制自己的情绪、态度,克服逆反心理。

与父母和解的方式有三种。

1. 理解父母对待自己的方式

心理学界普遍认为,亲子互动模式具有一定的历史延续性,父母从原生家庭中习得的方式,便自然展示在新家庭中。从这个角度讲,父母也需要不断成长和学习。

2. 学会给自己减压

子女需要适当地从父母的矛盾中抽离出来,学会了解家庭成员各自的权利、义务、角色,把父母之间的问题交给他们自己去处理。只有这样,才能减轻子女因父母关系不佳而产生的焦虑、抑郁、痛苦等负面情绪。

3. 学会心理求助

对于尚不知道如何妥善处理与父母或其他家庭成员关系的大学生,建议找专业的心理咨询师进行心理咨询或邀请家人共同进行心理咨询。

第七章
恋爱与性心理

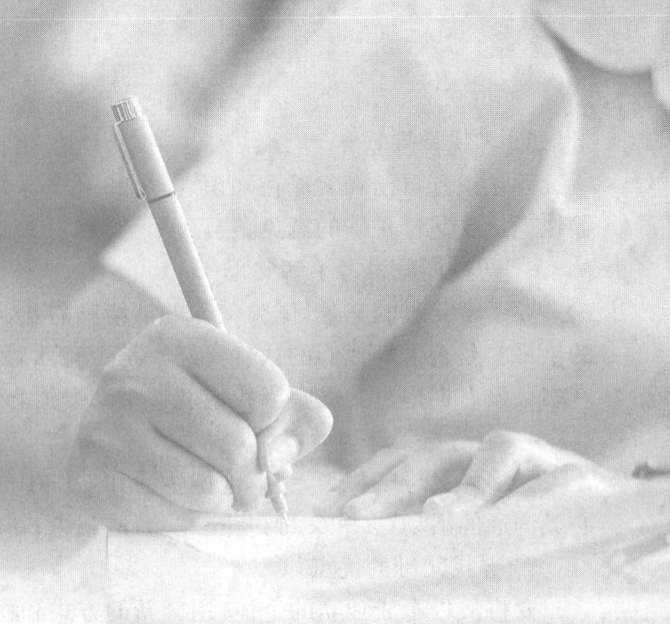

第一节 恋爱心理

一、爱情

爱情具有三种属性,它是男女双方之间产生的一种强烈而真挚的情感,指的是心理属性;它建立在生理成熟的基础之上,指的是生物属性;它受所处时代、文化氛围、社会舆论、道德规范等制约,指的是社会属性。

（一）爱情的成分

美国心理学家罗伯特·斯腾伯格提出了"爱情三元理论"（triangular theory of love）,也叫"爱情三角理论",他认为爱情包括三个基本成分:亲密（intimacy）、激情（passion）和承诺（commitment）。

亲密属于爱情的情感成分,主要指两个人彼此了解,有亲近、温暖的感觉,双方互相表白、给予对方温暖、信任对方。比如:想了解彼此的生活经历和心路历程,也能够相互分享思想观点,交流情感,并相互扶持。

亲密表现为:渴望促进被爱者的幸福（让对方幸福）;跟被爱者在一起时感到幸福（自己感到幸福）;在一起做事情时,双方都感到十分愉快（双方愉快）;尊重对方、珍重对方;互相理解;共同分享;从对方那里接受感情上的支持,给对方感情上的支持;跟对方亲切沟通。

激情是爱情的动机成分,是个体的内在驱动力,转化为性欲望,主要指热恋时对对方产生"形影不离"的亲近需求,也就是指见了对方,会有一种怦然心动的感觉,和对方相处,有一种兴奋的体验。

激情是一种"强烈地渴望跟对方结合的状态",是一种动机成分,它以内在驱动为基础,即把心理唤醒转化为性欲望。

激情可以是积极的,也可以是消极的。积极的激情能激励双方克服艰险,攻克难关;消极的激情常常对正常活动具有抑制的作用或引起冲动行为。

承诺指爱情的认知成分,是恋爱双方愿意在一起的决定,是"执子之手,与子偕老"的许诺。承诺有长期承诺和短期承诺。短期承诺就是要作出爱不爱一个人的决定。长期承诺则是作出维护这一爱情关系的承诺,包括对爱情的忠诚、责任心,也就是结婚誓词里说到的"我愿意",是一种患难与共、至死不渝的承诺。

两方面的承诺不一定同时具备,比如:决定爱一个人,但是不一定愿意承担责任,或者给出承诺。

(二)爱情的类型

爱情的每一个成分都有助于维系爱的关系,每一个成分以及成分之间的两两组合构成了爱情的不同类型。单一成分代表着三种类型的爱情,成分的两两组合代表着爱情的三种类型,三种成分都具备的属于完美的爱情,再加上一种没有任何成分的关系,总共八种形态(表7-1)。

表7-1 爱情的类型

类型	特征
无爱	三个成分都缺乏,指普通人际关系,只偶尔联系
喜欢	只有"亲密"成分。在双方的关系中有理解、情感支持、牵挂、温情
迷恋	只有"激情"成分。如"一见钟情"是强烈的身体吸引和性唤起,一般比较短暂,但有时也会持续很长时间
空洞的爱	只有"承诺"成分。通常指已经失去"亲密"和"激情"的长期关系,如包办婚姻
浪漫的爱	具备"亲密"和"激情"两种成分。双方在生理上相互吸引,在情感上彼此牵挂。这是大学校园中最常见的爱情
伴侣的爱	具备"亲密"和"承诺"两种成分,是一种长期的、有承诺的情谊,通常指在长期的婚姻生活中,伴侣双方有亲密感,长相厮守
愚昧的爱	具备"激情"和"承诺"两种成分,双方在激情的基础上作出承诺,通常比较短暂
完美的爱	"亲密""激情""承诺"三种成分都具备,这是最理想的,但往往很难实现,需要双方共同努力

二、当代大学生恋爱的特点

(一)恋爱责任意识淡薄

有些大学生谈恋爱只注重恋爱过程本身,很少考虑恋爱结果。这实际上是只强调爱的权利,而否认爱的责任。

(二)恋爱行为不文明

一些大学生谈恋爱不顾忌周围人的评价与看法,在恋爱交往过程中言行举止不文明,恋爱态度极不严肃。

(三)情感随意性、盲目性较大

有些大学生原本是抱着在校期间刻苦学习、不谈恋爱的想法,可看到周围有些同学在谈恋爱,为了显示自己不比别人差或出于排遣孤独寂寞等心理,于是就盲目恋爱。

(四)恋爱中的抗挫能力较弱

大学生由于心理尚未成熟和完善,心理承受力较弱,在失恋时,往往会产生一些不正常的心理现象与行为反应。有的人意志消沉,一蹶不振;有的人表现出极端行为。

【知识链接】

"罗密欧与朱丽叶效应"

莎士比亚的名剧《罗密欧与朱丽叶》描写了罗密欧与朱丽叶的爱情悲剧。罗密欧与朱丽叶相爱,但由于两家是世仇,双方家长百般阻挠。然而,他们的感情并没有因为家长的干涉而有丝毫减弱,反而爱得更深,最终双双殉情。这种现象称为"罗密欧与朱丽叶效应",是指当出现干扰恋爱双方关系的外在力量时,恋爱双方的情感反而会加强,恋爱关系也因此更加牢固。

第二节 性心理

一、性心理发展及特点

(一)性心理发展的阶段

根据精神分析学派弗洛伊德的学说,心理发展的动力主要源于性本能,弗洛伊德把机体性需要的心理能量称为力比多(libido),认为在不同的年龄段,力比多投射到人体的不同部位,因此,人在不同年龄段性心理发展有所区别。按照力比多投射的身体部位,弗洛伊德提出了性心理发展五阶段论,见表7-2。

表7-2 弗洛伊德性心理发展的五个阶段

阶段	年龄段	主要表现
口腔期	0~18个月	性本能的主要区域集中在口腔,因为婴儿从吮吸、咀嚼、咬等口活动中可以获得快感。喂食是特别重要的。比如:如果婴儿突然断奶或断奶太早,未来可能会过分纠缠配偶或者过分依赖配偶
肛门期	18~36个月	自发排便是满足性本能的主要方法。大小便训练可能引起父母与儿童之间的冲突。比如:儿童如果因上厕所时发生的意外而受到惩罚,就可能会变得抑郁、邋遢或浪费
性器期	3~6岁	愉快来自性器官的刺激,儿童会内化性别角色的特征以及与自己同性别家长的道德标准
潜伏期	6~11岁	性冲动转移到学习和充满活力的游戏活动中。随着儿童在学校获得更强的问题解决能力和对社会价值的内化,自我和超我持续不停地发展
生殖器期	11岁以后	青春期的到来唤醒了性冲动,青少年必须学会以社会可接受的方式表达这种冲动。如果心理发展是健康的,婚姻和抚养孩子能够满足这种成熟的性本能

① 口腔期(the oral stage,0~18个月)。性本能通过口腔活动得到满足,如咀嚼、吸吮或咬东西。若母亲对婴儿的口腔活动不加限制,儿童长大后的性格将倾向于开放、慷慨及乐观;若其口腔需要未被满足,则未来性格可能偏向悲观、依赖和退缩。可见,弗洛伊德认为早期的经验对人格的发展会有长期的影响。

② 肛门期(the anal stage,18~36个月)。随着成熟,婴儿获得了依照自己的意愿大小便

的能力。按自己的意志大小便是满足婴儿性本能的最主要的方式。这一时期正是成人对婴儿进行大小便训练的时期,要求婴儿在找到适当的场所之前必须忍住排泄的欲望,这与婴儿的本能产生了冲突。弗洛伊德认为母亲在训练婴儿大小便时的情绪对其未来人格发展影响重大。过分严格的训练可能会使其形成顽固、吝啬的性格;而过于宽松又可能使其形成浪费的习性。

③ 性器期(the phallic stage,3~6 岁)。这一时期的儿童开始对自己的性器官产生兴趣,性器官成为全身最敏感的部位,儿童常以抚摸性器官获得快感。弗洛伊德认为这一时期的儿童会通过对同性别家长的认同,吸取他们的行为、态度和特质,进而发展出相应的性别角色。

④ 潜伏期(the latency stage,6~11 岁)。这个阶段,儿童的性本能是相当安静的,儿童可以自由地将能量消耗在为社会所接受的具体活动当中,如运动、游戏和智力活动等。

⑤ 生殖器期(the genital stage,11 岁以后)。随着生殖系统逐渐成熟,性荷尔蒙分泌的增多,性本能复苏,其目的是经由两性关系实现生育。这一时期人的心理能量主要投注在培养友谊、生涯准备、示爱及结婚等活动中,以完成生儿育女的终极目标,使成熟的性本能得到满足。

（二）性心理发展的一般特征

1. 本能性和朦胧性

刚入学的大学生(大部分年龄在 18 岁左右),内心比较单纯,与社会接触少,身体发育成熟,在本能驱使下,情不自禁地对异性产生兴趣、好感、爱慕。由于性生理和性心理日趋成熟,大学生希望与异性交往,性意识逐渐强烈和成熟。但部分大学生对性知识缺乏了解,认为性知识有较浓厚的神秘感与朦胧感。

2. 强烈性与文饰性

大部分大学生从法定年龄来讲已经进入成年期,他们的生理性成熟程度也达到前所未有的高峰。在高中紧张的学习生活中性意识被压抑,进入大学后,社会和父母的态度发生了较大变化,有些父母开始鼓励孩子谈恋爱。大学生对性的关注度较高,他们非常注重在异性心目中的印象,特别在意异性的评价,并不断塑造自己的形象。虽然大学生对性问题和异性很关注、很敏感,但行为上却大多表现为拘谨、羞涩,有明显的文饰性。

3. 压抑性和动荡性

大学生生理发育成熟,但心理还不成熟,人生观、世界观、道德观还在形成的过程中,恋爱观有待于进一步健全;加之大学生的自控力、自制力较弱,性心理受外界因素影响而不稳定,容易导致焦虑和压抑心理,个别学生还可能以扭曲甚至是变态的方式表达。

4. 性别差异性

大学生的性心理存在性别差异。在向异性流露感情时,一般男生较为外显、强烈,女生较为含蓄、温和;在内心体验方面,男生觉得较为新奇、神秘、喜悦,女生觉得较为羞涩、敏感、不知所措;在表达方式方面,男生比较主动、直接,女生更喜欢暗示。近年来,这种性别差异方面的表现不再那么明显,在情感表达方面,女生渐渐主动。

（三）性心理的表现

1. 对性知识的渴求

我国大学生的性健康知识比较缺乏,但大学生对性知识的需求强烈。具体来看,无论是传统媒体还是新媒体,都是当代大学生获得性知识的主要渠道,但新媒体几乎已经取代了传统媒体,并成为大学生获得性知识的第一渠道。令人担忧的是,大学生的性行为受到不良文化的影响,可能造成不良后果。目前,还没有一个有关性教育的政策纲要出台,因此,各大高校大学生的性知识教育内容并没有统一的标准,性知识的传播与大学生的需求存在脱节的情况。

2. 对异性的爱慕与追求

在不少大学生看来,"恋爱"是大学的必修课,认为如果没谈过恋爱,则大学生活是不完整的。爱慕与追求异性是青年性心理的主要表现,是青少年性心理发展的必然结果,也是青年恋爱成功与婚姻美满的性心理基础。从过程来看,男生往往表现得更直接、更热烈;女生则表现得矜持、羞涩。从偏好上看,女大学生对理想伴侣在权力、成就、刺激、自我发展、全球观、仁爱、和顺、安全等方面的要求高于男大学生。从动机上看,大学生的恋爱动机呈现多样化趋势,有的出于排解空虚寂寞,有的是为了寻求心灵上的安慰,也有为了满足性需求而恋爱的。总体来讲,大学生的恋爱动机还是健康的,绝大多数大学生恋爱是为了追求美好的爱情和建立家庭。

3. 正确对待性欲与性行为

性欲是在一定条件下满足机体性需要的一种本能,是性的激发和准备状态。性虽然是一种与生俱来的本能,但却不是维系个人生命的本能。性行为是指为了满足自己性需要的固定或不固定的性接触,包括拥抱、接吻、爱抚、性交等。当代大学生的性行为发生率呈上升趋势,大学生需要了解和掌握理性调节性需要的方法,因此开展性行为安全教育迫在眉睫。人的性冲动应遵从社会道德和法律规范的要求。对待性欲一般有压抑、发泄和升华三种策略,其中,升华是指将性欲转换为新的动力,指向积极的、具有建设性的方向,如学习、发展特长爱好、进行创造活动等,升华是大学生应该积极倡导的一种方式。

二、大学生性心理问题及调适

大学生性心理问题具有广泛性、冲动性和隐秘性的特点,涉及的人数比较多,但大多数属于心理调节而非心理障碍,主要是由从小性教育知识的缺乏或个体的掩饰引发。

正值青年期的大学生,由于其性生理基本成熟,但性心理尚未成熟,处于性生理和性心理发展失衡状态,容易产生性心理问题,影响身心健康。

(一)性认知偏差

随着信息化时代的发展、东西方文化的交融,当代大学生对"性"的认知存在偏差:有的学生对性有排斥心理,认为"性"是下流的、可耻的、低级的、难以启齿的、无法面对的,他们往往不愿与异性交往,甚至可能出现烦躁、厌恶、焦虑等;有的学生过分强调性的生物属性,行为上放纵自己,随意、轻率地与他人发生性关系,容易存在安全隐患。

(二)性心理问题

1. 性自卑和性嫉妒

大部分大学生都希望自己美丽或者帅气,有的大学生因长相被拒绝、被歧视或遭遇恋爱挫折,很容易引起自卑等消极心理问题。

性嫉妒是对优于自己的竞争者所产生的怨恨情感。尤其当对象远离自己时,就会产生复杂的情绪情感体验或行为。通常表现为先注视、疑虑或跟踪,继而转为憎恨、敌视,甚至产生暴力冲突或自虐、自残、自伤等冲动行为。

2. 性自慰与性幻想

由于受传统观念的影响,大多数人对性自慰有疑虑或偏见。有的大学生开始学习科学的性知识,但仍有许多大学生对性自慰有恐惧感,他们认为性自慰是不道德的,性自慰时害怕别人知道,常常伴有紧张、恐慌、羞愧等心理,甚至感觉自己是罪恶的,内心纠结、痛苦,有沉重的压力。

大学生性幻想因人而异,与成长经历、思想意识或近期接触的信息有关。这种幻想是虚构的,不受时间、空间限制,可能与个人的心理压抑有关。性幻想常常会给大学生带来心理困扰,大学生对自己出现性幻想可能会感到恐惧,有沉重的心理负担,影响身心健康。

3. 性倒错

性倒错也称性变态,是指有性行为异常的性心理障碍,是指与性有关的、常人不能理解的性行为或性心理异常。大学生中有性变态的并不多,但也不可忽视或回避。

(三)大学生性心理问题的引导对策

对大学生性心理的引导应以自我教育为主,同时,高校进行大学生性心理健康教育引导。大学生应通过科学、规范的渠道获取性知识,正视性心理问题,培养良好的性观念,控制不良的性冲动,有优良的道德品质,对自己负责。

1. 注重性生理知识与性心理健康的均衡发展

高校应引导大学生关爱自我,同时,要关注性心理健康知识,两者要同步进行,均衡发展。

性生理知识可以帮助大学生正确认识自己身体的发育变化和生理机制等,有助于消除对性的误解,作出正确决策。在性心理健康方面,主要包括拥有正确的性观念、良好的性态度,能够正确对待自己、他人的性取向和性行为等。性心理健康可以促进个体形成健康的人际关系,增强自我认同感、自尊心,减少因性问题而产生的焦虑、困惑、压抑等不良情绪。

2. 积极调整性心理问题

大学生要正确认识自我,尊重自己的性别角色。大学生对待性问题应有科学态度,学会主动调整。首先,要尊重自己、尊重对方,对恋爱关系、性行为敢于承担责任;同时,文明交往,健康恋爱,处理好情感与学习生活的关系,遇到问题时,及时与家长、老师沟通解决。

3. 加强性道德自我修养

大学生要树立科学的性观念,意识到不良性行为的危害,培养正确的性道德观念、高度的社会责任感。大学生要有意识地规范自己在性方面的观念和行为,比如:尊重对方的意愿,不进行违背他人意愿的性行为;保持忠诚和负责任的态度,在亲密关系中履行应尽的义务;遵循社会普遍认可的道德规范,不做出违背公序良俗的行为;等等。大学生应通过加强性道德自我修养,提升个人素质,维护良好的人际关系和社会秩序。

第三节 恋爱与性心理健康

一、健康的恋爱

(一)树立正确的恋爱观

有的大学生对爱情的理解存在片面性,他们对爱情与道德、爱情与学业、爱情与事业的关系,有时缺乏科学的认识,对恋爱的道德要求、要承担的社会责任等,也缺乏充分的思想准备。大学生要树立正确的恋爱观,在与对方相处时,应遵守恋爱道德。要尊重对方的情感和人格,每个人都有爱和被爱的权利,要彼此相爱,诚实守信。

（二）忠贞专一

爱情是人的生理需求与社会需求的统一，爱情不仅要求男女双方在人品、情感、能力等方面和谐共鸣，而且要求双方承担相应的社会责任和义务。爱情具有专一性与排他性，不允许有第三者介入。只有忠贞不渝、始终如一的爱情，才能幸福美满。

（三）自尊自爱

恋爱双方之间的心心相印是十分珍贵的情感。真挚的恋爱是彼此欣赏、相互倾慕、互尊自爱、相互扶持。

（四）培养健康的恋爱行为

大学生要培养健康的恋爱行为，态度诚恳、语言文雅、真诚坦率、举止文明。在恋爱中，要以相互信任、相互理解为基础，要彼此尊重。恋爱中出现性冲动现象是正常的，大学生一方面要注意克制和调节，另一方面，要注意转移和升华，使爱情沿着健康方向发展。

二、健康的择偶观

择偶观是指一个人对选择配偶的总的看法或价值取向，包括他对爱情的看法、对配偶在家庭中的作用与地位的看法、择偶的动机、对配偶条件的要求等认知内容。

每个人都希望找到自己心目中的理想伴侣，获得甜蜜的爱情。因此，每个人都会根据自己的具体情况在心中确立选择爱人的标准。

健康的择偶标准如下：

① 有理想、有事业心或进取心；
② 有良好的道德修养，诚实、正直；
③ 有较好的个性特征，体贴，心胸宽广；
④ 有较好的风度气质；
⑤ 有较高的知识文化修养，聪明能干……

大学生由于年轻，缺乏人生经验，又受拜金主义、功利主义和个人主义思潮的影响，往往容易把择偶标准理想化，甚至一部分大学生把金钱、权势、地位等作为自己的择偶标准，使爱情变味。大学生应根据自身的具体条件合理确定择偶标准，应以对方的内在美为重要的衡量标准。

三、培养爱的能力

爱是一种能力，也是一种艺术。埃里希·弗罗姆在《爱的艺术》中提出：爱是一种主动的能力，爱像其他艺术一样，是需要持续不断地学习和练习之后才能掌握的。没有获得爱的人，正是由于他的爱的能力发挥失败。获得爱的唯一途径就是研究爱的艺术，从理论和实践两方面来学习这门艺术。

1. 鉴别爱的能力

大学生要有鉴别爱的能力。首先，好感不是爱情。好感是一种直觉，它不一定能发展为爱情，而爱情以心灵的融合为基础。其次，感情冲动不等于爱情。因为感情冲动往往是暂时的、脆弱的，爱情是一种炽热的、深沉的、强烈的、持久的感情。再次，友谊不是爱情。爱情具有排他性和封闭性，以性的吸引为前提，而友谊是同学、朋友之间的一种平等、诚挚、相互信任的情感。泰戈尔曾说过："友谊意味着两个人和世界，然而爱情意味着两个人就是世界。"

2. 迎接爱的能力

迎接爱的能力主要包括表达爱的能力和接受爱的能力。一个人心中若有了爱,经过理智思考之后,就要敢于表达、善于表达,这是表达爱的能力;一个人面对别人的爱,能及时、准确地作出判断,坦然地作出接受、拒绝或者再考量的选择,这是一种接受爱的能力。大学生想要有迎接爱的能力,就应该懂得什么是爱;要有健康的恋爱观,知道自己喜欢什么,适合什么;就应该主动关心他人,乐于付出。

3. 拒绝爱的能力

拒绝爱的能力是指自己不愿意接受爱而坦诚拒绝的能力。拒绝爱要注意如下原则。第一,坚定自己的立场。如果不想接受他人的爱,就要勇敢、果断地表达自己的态度。第二,尊重对方的感受。尽管拒绝了对方的爱,但仍要尊重对方的感受。避免伤害或侮辱对方,应该尽量用温和的方式说出自己的决定。第三,要掌握恰当的拒绝方式。选择恰当的时机,选择半公开的场合,用委婉的语气坚决表达出来。第四,设定边界。明确双方的关系边界,避免产生误解或者让对方产生不必要的期待。如果对方还有意愿,要保持距离,甚至不再见面或不再接触。第五,寻求支持。如果感到心理困惑或有较大压力,可以寻求朋友、家人或专业心理咨询师的支持或建议。

4. 发展爱的能力

发展爱的能力主要包括维系爱情和解决爱的冲突的能力。发展爱的能力不仅仅指爱情,更指广泛的爱。我们的家人、老师、同学、朋友都值得我们付出爱与耐心。发展爱的能力,就是要培养无私的品格与奉献精神,要培养善于处理矛盾、解决问题的能力,有效地化解恋爱、学习与生活中的矛盾纠纷,为对方负责,为自己负责。

三、性心理健康

(一)性心理健康的标准

性心理健康是指个体具有正常的性欲望、性观念和性行为,能够正确认识和处理自己的性需求和性冲动,同时,能够与他人建立健康、和谐的性关系。具体来说,大学生性心理健康的标准应符合以下要求。

1. 性别认同

性别认同主要指大学生能够正确认识、乐于接纳自己的性别角色,并且能够在现实生活中体现自己的性别角色。

2. 性心理发展水平与同龄人一致

在校大学生年龄接近,如果某学生的性认知与周围同学差异很大,说明其性心理发展可能有问题。

3. 有较强的性适应能力

在有性冲动后,可通过转移注意力等积极的方式排解、调节和控制自己的性冲动,能够符合社会规范和要求。

4. 与异性保持和谐的关系

大学生渴望与异性交往,并想与对方保持和谐的关系,是其性生理和性心理发育成熟的标志。

(二)性心理调适方法

1. 掌握科学的性知识

性焦虑通常源于性无知。大学生应该以主动、积极的心态接受性教育,了解科学的性知识;同时,应该增强对性冲动的调节控制能力,通过体育活动、课余文化活动、户外运动来释放体内能量,培养健康的性心理和性道德。

2. 树立正确的性道德观

大学生应树立正确的道德观念和法治观念。不可把时间、精力完全寄托在爱情上,恋爱双方应该在学习、生活中共同进步、共同成长。

3. 寻求专业咨询,促进身心健康发展

当大学生遇到关于恋爱和性的问题时,可以自我调节,也可以寻求专业咨询,以尽快获得指导。大学生不可回避问题,应该向专业人士倾诉自己的烦恼,获得及时沟通与合理引导,排解性心理问题,促进身心和谐发展。

第八章
压力管理与挫折应对

第一节 压力与挫折

一、压力

压力是现代社会人们普遍的内心体验。如第一次上学、第一次上台演讲、第一次面对不确定的事情时,每个人都会有压力,压力是生活中不可避免的。但是,在过度的压力情境下,个体会产生紧张、焦虑等不舒服的情绪体验,久而久之会影响身心健康。临床心理学家发现,雀斑、癌症、心脏病、溃疡病等身体疾病的根源就是心理压力。溃疡病患者通常有共同的特点:拼命工作,总是担心工作做不好,担心自己能力不够,经常体验到无助感等。由此可见,个体的心理压力对其身心健康有很大影响。

(一)压力的概念

压力也叫应激,这个概念在 1936 年由加拿大著名的生理心理学家汉斯·薛利提出。他认为压力是表现出某种特殊症状的一种状态,这种状态是由生理系统对刺激的反应所引发的非特定性变化所组成的。

(二)压力产生的原因

一般来说,压力源是指引起个体产生反应的各种刺激或事件。生活中的压力源可能来自个体自身,也可能来自环境。常见的压力源有以下三种。

1. 躯体性压力源

躯体性压力源是指使身体、心理感到紧张的刺激,有物理的、化学的、生物的刺激物。如不适宜的温度、微生物、变质食物等,这是引起人的生理反应的主要原因。

2. 心理性压力源

心理性压力源是指人们头脑中的紧张性信息,如内心冲突、不切实际的期望、与工作有关的压力与紧张等。心理性压力源的本质是个体对压力的认知与理解。如果个体过分夸大压力的负面作用,就会产生一种自我验证的预言,如"我会失败""我应付不了"。这样会产生深深的无力感、无助感,逐渐会变成长期的压力。

3. 社会性压力源

社会性压力源主要造成个体生活方式的变化,个体要作出调整与适应。社会性压力源主要有个人生活中的变化,以及社会生活中的重要事件。个体生活的改变常常使个体茫然、不知所措,因此,会让个体产生压力。心理学家霍曼和瑞希编制的生活压力量表,其中包括了43种项目,这些是大部分人都可能经历的生活事件,由400位不同年龄、职业、身份、阶层的人对这些事件产生的压力大小进行赋分。结果显示,其中前24个项目直接与个体家庭中的人际关系变化有关。

大学生常见的心理压力源主要包括两个方面:一是大学生自身的压力(如家庭人际关系、环境适应、身心健康、恋爱、不良情绪、挫折等);二是社会环境压力(如人际关系、学业、周边环境、择业就业等)。近年来,大学生压力源中排在前5位的分别是:学习任务、学校环境、职业选择、人际交往、情绪失调。

(三) 压力下的反应

当个体面临压力情境时,会引起一系列身体上、心理上的变化。如果压力强度过大、过于强烈或持久,那么,可能导致个体生理、心理功能的紊乱,影响个体的身心健康。因此,大学生应当认识压力预警信号,并及时调整。

1. 生理预警信号

生理预警信号主要包括:头痛(非器质性疾病),肌肉紧张,尤其是头部、颈部、肩背感觉紧绷;皮肤干燥、出现斑点或感觉刺痛;牙痛、口腔溃疡、消化不良;心悸、胸部疼痛;频繁感冒或者感冒时间很长;入睡困难或早醒。

2. 心理预警信号

心理预警信号主要包括认知方面、情绪方面和行为方面。

认知方面:反应迟钝、思路不清、记忆力减退、注意力下降等。

情绪方面:脾气变得暴躁或沉闷;缺乏耐心;冷漠;内心感到失望、无助;缺乏满足感;无精打采。

行为方面:睡眠规律改变;暴饮暴食或食欲减退;频繁喝咖啡、抽烟、喝酒;人际关系不良;办事效率低下,处理问题的能力下降。

(四) 压力的作用

1. 积极作用

适当的压力往往是一种动力,如果压力在一定的可控范围内,它将激励个体保持充沛的精力、提高个体的反应能力,有助于激发个体的潜能,提高工作、学习效率等。

2. 消极作用

如果个体处于过大的压力情境或长期处于压力情境下,就会导致学习效率下降,出现学习倦怠、自信心降低、责任心缺乏,甚至引发身心疾病。我们要及时觉察自身所处的压力状态,了解压力的来源,尽量保持适度的压力,并积极且及时地调整不舒服的状态。

【拓展阅读】

压力的调整策略

1. 运动解压

运动可以让身体产生内啡肽效应,能使人愉悦。内啡肽是身体的一种激素,被称作"快乐因子"。个体在运动时,神经系统会兴奋,身体内会产生多巴胺和内啡肽这两种物质,让人感觉到高兴和愉悦。所以,运动是一个很好的缓解压力的方法,可能刚开始的时候会感觉很累、很艰难,甚至想放弃,但只要你坚持2个月左右,就会养成运动的习惯。

(1) 学会运动

运动也需要掌握一定的方法,一开始,可以先进行一些缓和的、运动量小的活动,再逐渐增加运动量,需要循序渐进。

如果个体的压力源于工作或学习,那么,可以参加一些集体活动,如篮球、排球等,通过这些活动,可以体会到团结合作的力量。

(2) 运动环境的选择

经常在室内运动的人,可以选择去户外爬山,到小树林里散步,或者在安静、舒服的地方,做几次深呼吸。通过闭目养神几分钟,可以让身体放松下来,缓解压力。

2. 冥想解压

我们可以让自己处于一个安静、舒服的场景中,进行冥想练习,想象自己向往的地方,如山川、大海、树林等,放松身体,把注意力集中在想象的物体上,通过视觉、听觉、嗅觉、味觉、触觉去感受,去觉察,享受身心的放松。

3. 饮食解压

饮食也可以缓解压力,有的人感觉心理压力大时,会通过饮食来让自己放松。心理压力大时,可以尝试以下食物。

(1) 菠萝

在菠萝中含有丰富的维生素B和维生素C,具有消除疲劳、释放压力的功效,同时,菠萝中含有酵素成分,它有助于充分消化、分解蛋白质,减轻肠胃负担。

(2) 瓜子

瓜子可以缓解个体疲劳。瓜子中含有丰富的维生素等营养物质。通过嗑瓜子可以安抚情绪,消除疲劳。同时,嗑瓜子还能放松大脑,缓解不良情绪。

4. 按摩解压

当我们感觉压力大时,可以尝试做按摩。当身体经过按摩放松后,心理压力也会有所缓解。

二、挫折

大学生正处于自我意识逐渐成熟的过程中,在对理想自我的憧憬下,大学生对自己的未来有很多设想和规划,为使理想变成现实,实现自我价值,他们会付出种种努力。比如:很多大学生为进一步发展学业,获得进一步深造的机会,他们会用功学习,然而,不是所有努力都能达到预期的目标,可能努力之后依然会遭遇挫败,这种挫败也就是我们平常所说的挫折。当挫折持续时间较长,影响较大的时候,会使人产生失望、压抑、沮丧、忧郁、紧张等心理状态和情绪反应,我们将其称为挫折感或挫折心理。

大学生常常会因为学业、人际关系、恋爱、择业就业的困扰而产生挫折心理,由此带来的心理健康问题受到社会广泛关注。

教育部在答复《关于加强高校学生挫折教育的提案》时强调,加强包括挫折教育在内的大学生心理健康教育是新形势下加强和改进大学生思想政治教育工作的重要内容,是促进大学生全面发展的重要途径和手段。

（一）挫折的概念

挫折通常是指事情进行得不顺利或经历失败，个体没有达到预期目的，而产生的一种不舒服和紧张的状态或情绪体验，也就是通常所说的"碰钉子"。

在心理学中，挫折主要是指"一个人在实现有目的的活动过程中，遇到无法克服或自以为无法克服的障碍或干扰，使其需要和动机得不到满足和实现时，所产生的紧张状态或消极的情绪反应"。挫折心理主要表现为：紧张、恐惧、焦虑、忧伤、沮丧、悲观、绝望。

（二）挫折的构成

1. 挫折情境

挫折情境是指在有目的的活动过程中，引起个体挫折的具体环境，主要包括：自然环境因素（自然灾害等）、社会因素（政治、经济、种族、宗教、家庭、人际关系、风俗、习惯等）、个人因素（个人能力、生理或心理缺陷等）。当以上因素成为个人实现目标的障碍，而个人又无法加以克服时，便构成挫折情境。

2. 挫折认知

挫折认知是指个体对挫折的认识、感知、评价。挫折认知可能是个体对实际经历的挫折情境的认知，也可能是想象中的认知。面对同一个挫折情境，不同人的挫折认知存在差异，个体的生理状态、心理状态、知识结构都会影响其知觉判断。挫折认知决定着个体的挫折反应和承受力。

3. 挫折反应

挫折反应是指个体在挫折认知状态下，自己的需求不被满足时，产生的焦虑、紧张、愤怒等情绪和犹豫、逃避、攻击等行为反应。当人们面对同样的挫折情境时，对挫折的反应是因人而异的。

（三）挫折的影响

挫折是客观存在的，但挫折对大学生的影响是因人而异的。挫折具有积极影响和消极影响两方面，关键在于大学生对挫折的认识和看法。

1. 挫折的积极影响

挫折对于大学生来说，既是危机，也是挑战，还是个人成长的契机。如果大学生经受住了挫折的考验，这将会成为人生的宝贵财富。马斯洛曾说过："面临危机的时候，如果你把握住这个机会，你就成长。如果你放过了这个机会，你就退化。"

（1）有利于磨炼大学生的意志和性格

坚强的性格、顽强的意志往往是个体经历生活磨炼后形成的。优越的环境、一帆风顺的成长经历往往不利于坚强性格的形成，而那些经历过生活磨难，经受住挫折考验的人，往往会变得更加坚强，积极、勇敢地面对生活。

（2）有利于提高大学生解决实际问题的能力

别林斯基说过："不幸是一所最好的大学。"俗话说："吃一堑，长一智。"大学生在面对挫折的过程中，能激发潜能，掌握经验和方法，提高分析问题、解决问题的能力。

（3）有利于大学生正确认识自我

挫折有利于大学生理性面对现实，学会正确评价自我，积极悦纳自我，坦然面对生活，提高社会适应能力。

2. 挫折的消极影响

对于那些长期被呵护、顺利成长的大学生而言,他们的心理素质相对较差,认知可能存在偏差,自我适应能力不强,挫折带给他们的消极影响可能较为严重。

(1) 学习效率下降

学习是一种复杂的心智活动,学习效率与个体的智力水平、情绪状态、自信心等密切相关。有的大学生在遇到挫折后,自信心下降,焦虑、自卑、沮丧,学习状态受到很大影响,出现思维迟钝、注意力不集中、记忆力下降等情况,学习效率下降。

(2) 损害身心健康

有的大学生在遭受挫折后,身心可能处于一种紧张、压抑、焦虑不安的状态。如果这种不舒服的状态得不到缓解,可能会影响他们的身心健康,如产生厌食、失眠、头痛、神经衰弱等症状,甚至诱发精神疾病。

(3) 性格与行为产生偏差

有的大学生在遭受挫折但无法调整时,往往会形成相应的习惯模式、个性特征,如一个热情开朗的人,可能会在经历挫折后,变得沉默寡言、心灰意冷、孤僻内向。有的大学生由于经历挫折后正处于应激状态,感情极易冲动,自控能力较差,不能正确评估行为后果,可能做出损害自己、伤害他人的行为。

(四) 大学生常见的挫折

1. 学业挫折

有的大学生由于学习环境、学习方法的改变而产生挫折心理;有的大学生在高中时是佼佼者,上大学后不再有"众星捧月"的感觉,产生心理落差,学业压力增加。

2. 生活挫折

有的大学生在上大学之前,没有住校经历,主要任务就是学习,衣来伸手,饭来张口,生活自理能力较差。上大学之后,大学生因面对住校等集体生活情境而不适应,产生挫折心理。

3. 人际交往挫折

大多数学生在上大学之后,都有人际交往需求,想有知心朋友,但由于自理能力、自主能力较差,缺乏人际协调能力和人际交往技巧,在人际交往遇到困难时,容易产生挫折。

4. 恋爱挫折

大学生生理发育已基本成熟,但由于他们的恋爱观、道德观尚未成熟,他们在恋爱过程中,经常会因个性特征、兴趣爱好、三观不合等原因而分手,造成心理伤害,产生情感挫折。

5. 消费挫折

由于生活水平的提高,大学生的消费水平也在提高。一些家庭经济较困难的学生在学习、生活方面受到经济状况影响,而又不愿意求助,内心容易产生自卑感和挫折感。

6. 人生发展挫折

有的大学生有较强烈的自我价值实现的需要,他们有比较明确的发展目标,但是,在现实社会中却难以实现。有的毕业生求职失败,有较强的挫折感,对自身能力质疑;有的大学生提前预估就业的困境与艰难,感受到挫折情境。

(五) 大学生常见的受挫表现

1. 积极的行为表现

(1) 表同

表同是指个体在遇到挫折时,在观点、行为方面模仿他人,使自己更适应环境和社会的要求,内心增强获得成功的信念与勇气;或者是把自己与所崇拜的人视为一体,以提高自信心、地位、影响力,从而减轻挫折感。

(2) 升华

升华是指个体在遇到挫折后,将自己不为社会所认可的动机、欲望转变为符合社会要求的、有价值目标的,或者是个体把自己的情感、精力转移到公益活动中,借此增强自尊心与自信心,减轻内心痛苦,保持心理平衡。

(3) 补偿

个体的目标由于种种原因无法实现时,通过其他可能达到的目标来代替,弥补内心失落或痛苦,也就是"失之东隅,收之桑榆"。

(4) 幽默

当处于困境时,人格比较健全、心理素养较高的大学生,往往以幽默的方式来化解。大事化小,小事化无,避免尴尬,以此摆脱困境,保持心理平衡。

2. 消极的行为表现

(1) 攻击

当个体遇到挫折或困境时,内心常常会出现愤怒情绪,产生攻击行为。攻击主要有直接攻击、转向攻击这两种。

① 直接攻击。个体遇到困难或挫折时,把愤怒的情绪、冲动的行为指向使其受挫的人或事物,如嘲讽、谩骂、殴打等伤害行为。

② 转向攻击。个体遇到困难或挫折时,把愤怒的情绪、冲动的行为发泄到不相关的其他人或事物上,有的人会自我折磨、自我虐待;有的人在背后埋怨、发牢骚;有的人摔东西,向别人或最亲近的人发火、抱怨;等等。

(2) 冷漠

冷漠是一种与攻击相反的行为反应,它是指个体在遭受挫折时,表现出漠不关心、无动于衷的态度或行为,这是一种更复杂的心理反应,对身心健康的损害很大。冷漠中包含愤怒情绪,而且把愤怒情绪暂时压抑到内心深处,表面看上去冷淡、退让,内心深处却隐藏着很深的痛苦。

(3) 退化

退化又称"回归",是指当个体遇到困难或挫折时,经常表现出与自己的年龄、身份极不相符的滑稽可笑或幼稚行为,以此取得别人的同情和关怀,从而避免紧张、焦虑情绪。

(4) 固着

固着又称病态固执,是指个体在遇到困难或挫折时,通过刻板的方式盲目地、多次重复某种无效的行为。尽管无任何效果,于事无益,但仍要继续重复行为,而不采用更适合的行为。固着在性格比较内向、偏执、倔强的大学生中比较常见。

(5) 逃避

个体在遇到困难或挫折时,往往不敢面对现实,而是躲开受挫的情境,放弃原来所追求的目标,以此逃避,希望远离痛苦与挫折。

（6）轻生

轻生是个体在遇到困难或挫折时，采取的一种十分消极且极端的行为，也可以看作是对自身的一种特殊的攻击行为，如自残、自虐、自杀。

（7）反向

反向是指个体把自身存在的那些不符合社会规范、不被大家认可或接纳的愿望和行为，以一种相反的态度或行为表现出来，掩盖自己的本意，以此来避免或减轻内心压力。

（8）压抑

压抑这种反应在大学生中比较常见。有的大学生在学习、生活、人际交往受挫时，常常把不愉快的经历藏到内心深处，不想再回忆，以此来逃避焦虑或恐惧等不舒服的情绪体验。

（9）文饰

文饰是指当个体的行为没有达到预期的目标，或者行为不符合社会规范时，个体为减少或避免焦虑、痛苦心理，于是，通过在外部寻找某种理由或借口，给自己的行为赋予某种"合理"的解释，如"酸葡萄效应""甜柠檬效应"。

（10）投射

投射是指个体把自己内心那些不被大家允许的、不被接纳的愿望、冲动、思想、行为转嫁到其他人或事物上，以此减轻内在的愧疚、焦虑、紧张、不安情绪，保护自己或为自己辩护。

（六）挫折的成因

1. 外界客观因素

在造成大学生挫折的许多因素中，有些是外界客观因素，主要包括：自然环境因素、社会环境因素、学校环境因素和家庭环境因素。

（1）自然环境因素

时间、空间的限制，或者不可抗力因素（地震、洪水、旱涝等），极大限制了我们的活动空间、生存方式，使我们的需要得不到满足，从而感觉受挫。

（2）社会环境因素

随着经济全球化、价值理念多元化，信息化时代的到来，很多信息对大学生的思想观念、价值理念有很大冲击。此外，在严峻的就业形势下，大学生面临着择业就业的窘境，工作选择、经济压力等问题，影响大学生对美好生活的向往与追求，也容易使大学生产生挫折感。

（3）学校环境因素

学校教学内容与管理方式滞后。有些高校的教育教学与现实社会脱节，教学内容陈旧，教育的方式方法与高校人才培养目标要求脱节，导致大学生容易产生失望的情绪，从而出现了不良的挫折心理反应。

（4）家庭环境因素

家庭教育对于人的一生影响很大。比如：家庭结构、夫妻关系、亲子关系、家风家教、家长的受教育程度等对大学生有直接或间接的影响。一般来说，单亲家庭、家庭变故、家庭矛盾等一些家庭问题严重影响着大学生的心理健康，对个体的人格特点和人际关系产生影响。通常，在不和谐的家庭环境中成长的孩子往往伴有自卑、多疑、孤僻等心理特征，抗挫折能力弱。

① 家庭经济贫困。我国是一个发展中国家，在经济飞速发展的今天，有些地区发展仍不平衡，居民收入差距较大。生活费不足但日常开销较大，与同学的家庭经济条件差异都可能引发贫困家庭学生的挫折心理。

② 教育方式不当。如今的大学生中独生子女较多。他们在家中往往衣来伸手,饭来张口,很少参与家务,父母也溺爱他们。这些学生缺乏实践锻炼的机会,抗挫折能力较差,一旦遇到困难就灰心丧气、不知所措。

③ 离异家庭增多。随着现在离婚率的上升,单亲家庭并不罕见。离异家庭中有的孩子感觉不到家人的温暖与关爱,比较敏感、多疑、怯懦,但又无法倾诉,很容易引发挫折心理。

2. 主观因素

除了造成大学生挫折的客观因素之外,主观因素主要有以下四个方面。

(1) 个体条件

① 生理因素。在现实生活中,有的大学生因身高、容貌、体型、生理缺陷(如色盲、近视、结巴、身体残疾等)等原因,个体发展受限或目标不能实现。因工作岗位和工种的性质,有的大学生可能因为性别等生理因素而被拒绝,内心产生挫折感。

② 个人因素。个人因素主要指个体的兴趣爱好、人格特质、世界观、人生观、价值观,如理想、信念、信仰等也会影响个体的挫折耐受力。一般来说,活泼开朗、乐观坚强的人挫折耐受力较强;孤僻内向、沉默寡言的人,挫折耐受力较弱。同时,一个人的气质类型、适应能力、期望值、生活态度等与挫折感的产生也有直接关系。

(2) 动机冲突

动机冲突指个体在活动过程中,同时存在着两个或多个所追求的目标,或者存在两个或多个互相排斥的目标,当目标处于相互矛盾的状态时,个体难以决定取舍,表现为行动上的犹豫不决或冲突的心理状态。在大学生活或学习中,动机冲突经常发生。

① 双趋冲突。双趋冲突是指个体同时想达到两个或多个目标,而又不能全部达到时,产生的动机冲突。我们平时所说的"鱼和熊掌不可兼得"就是典型的双趋冲突。比如:有的大学生既想安心学习,又想去外面参加社会实践活动;有的大学生既想报考研究生,又想求职就业。

② 双避冲突。双避冲突是指个体面临着一种左右为难的处境,同时面临两种或两种以上不愉快(不尽如人意)的处境时,产生的动机冲突。比如:有的大学生既不想用功学习,又怕考试不及格或被同学瞧不起。

③ 趋避冲突。趋避冲突指个体同时面临两种截然相反的目标时,所产生的动机冲突。比如:有的大学生既想多参加社会实践活动,又担心活动占用太多时间和精力,影响学习;既想吃饭又怕胖;既嫌父母烦,想独立,又想依赖父母。

④ 双重趋避冲突。双重趋避冲突指个体同时面临两个目标时,两个目标中的每一个都产生趋避性动机冲突,各有所长,各有所短。比如:有的人想要调换到新的工作单位,因为经济收入丰厚、待遇好,可是工作性质和人际关系不易适应;但如果留在原单位工作,能适应工作环境、人际关系,可是经济收入和福利待遇较差。

(3) 抱负水平

抱负水平是指个体想达到的目标或标准。大学生如果在学习、生活中遇到困难,是否体验到挫折感,以及应对挫折的反应与其抱负水平相关性很大。一般而言,个体设定的标准高,他的抱负水平就高;个体设定的标准低,他的抱负水平就低。抱负水平高的人比抱负水平低的人更容易有挫折感。比如:甲、乙、丙三名同学在一次考试中,都考了 80 分,甲觉得非常满意,乙觉得和自己预期的目标差不多,而丙感觉考砸了。这是因为丙的抱负水平最高,乙的抱负水平一般,甲的抱负水平最低。大学生应根据自己的实际能力设定合理的目标,根据实际情况,不断调整自我抱负水平。对于那些远大目标,要分解成远期、中期和近期目标,循序渐进,逐步提高自信心。大学生在确立抱负水平时,应注意综合考虑客观环境条件、社会需要等因素。

(4) 心理承受力

心理承受力是指个体在面临社会生活中的重大事件时,心理的可接受性、适应性、耐受性。个体的挫折感与其心理承受力有很大关系。个体的心理承受力受其身体的健康状况、人格特质、家庭环境等影响,尤其是个体过去的挫折经历、对挫折的认知与判断对心理承受力影响很大。

(七) 如何有效应对挫折

1. 情绪宣泄法

情绪宣泄法是指个体将内心积压的消极情绪(负面情绪)通过言语、行为表达出来。当大学生内心有委屈、愤怒、焦虑、恐惧等不良情绪体验时,可以向家人、好友、老师、同学倾诉;或者自己与自己对话,通过写日记、发微博、绘画、唱歌等方式表达;或者找适当的场合大哭一场,将心中的不舒服情绪发泄出来。

2. 注意力转移法

注意力转移法是指个体把注意力从原来关注的目标转移到自己喜欢的、感兴趣的人或事物上,当心情不好时,我们可以通过散步、游泳、打球、听音乐、品尝美食或参加活动,来缓解内心的焦虑、紧张、烦闷等不愉快的情绪。

3. 主动进攻法

主动进攻法是指个体在遭遇困难或挫折时,应该冷静处理,以积极、进取的心态面对挫折情境。如果因自身知识水平、能力不足而产生挫折,就要发挥潜力,不断提高,以坚强的毅力攻坚既定目标,以期获得成功。如果是因生理原因而产生挫折,那么就要扬长避短。同时,要学会独立和自助。有一则小故事:一头猪的腰部脱臼,它在那里费劲地爬着,孙子要去帮猪按摩,爷爷喊住了他。爷爷拿起一个土块向那头猪扔去,那头猪吓得挣扎着跑起来,爷爷在后面追着它,只见那头猪跑着跑着,腰部恢复了正常。这个故事的启示是人有时受挫折就像猪腰部脱臼,真正能帮助你的不是别人而是你自己。有时,我们在挫折的伤痛中忽视了自己的潜能和改正错误的勇气,只想等待外力的帮助,这就相当于放弃了自己承担的责任和义务,是一种懒惰的做法。

4. 辩证地看待挫折

"塞翁失马,焉知非福",世界上一切事物都具有两面性。挫折是客观存在的,不以我们的意志而改变。挫折是一把"双刃剑",能经受住挫折考验的人才能成就更大事业。因此,我们在面对挫折情境时,应该接受它,不要自我放弃,要借机培养自己的品性,锻炼自己的意志,提升自己的能力。如《菜根谭》对人在遭受逆境时如何平衡心理提出了独特的见解:"人情反复,世路崎岖,行不去处,须知退一步之法;行得去处,务加让三分之功。""天地尚无停息,日月且有盈亏,况区区人世,能事事圆满而时时暇逸乎? 只是向忙里偷闲,遇缺处知足,则操纵在我,作息自知,即造物不得与之论劳逸、较亏盈矣。"

5. 寻求社会支持

我们每个人都不是孤立存在的,当遇到困难或挫折而无法自助时,更需要向家人、老师、同学、朋友或者专业人士求助,以获得资源、策略,减缓内心痛苦。我们在他人的支持和帮扶下,能不断调整、完善自我,逐步走出困境。

6. 加强挫折教育

建设挫折教育课程体系,把挫折教育融入课堂教学;开设课程教育平台,将挫折教育纳入思想品德教学、心理健康教学、思想政治理论课教学,扩大挫折教育工作的覆盖面;将挫折教育课程融入必修课、公共选修课、新生入学教育等教学环节之中。

第二节 逆商的培养

一、逆商的定义

逆商(Adversity Quotient,AQ)是逆境商数的简称,也叫挫折商、逆境商。它是指个体面对逆境时的应对方式,或者是个体积极面对困难或挫折、摆脱困境的能力。逆商和情商(EQ)、智商(IQ)并称为"3Q",最早由美国职业培训师保罗·斯托茨提出。

二、逆商的培养途径

(一)改进家庭教养方式

父母是孩子的第一任老师,家庭中父母对孩子的影响很大。要想提高孩子的逆商,父母也要不断学习,提升自我素质;同时,要多与孩子沟通交流,给予孩子关爱温暖,尤其在孩子遇到困难挫折时,要多鼓励,多引导;还可以人为地设置一些生活障碍,培养孩子的逆商。

(二)逆商培养要贯穿大学教育始终

要根据当代大学生所处时代的特点以及自身的发展特点,针对大学生突出的学业挫折、人际交往挫折、情感挫折和就业挫折来进行可操作性强的教育教学活动。具体来说,对大学生逆商的培养,要贯穿大学四年教育全过程,要分年级培养。

在大一时期,学生刚进入新的环境,生活、学习等方面都面临着适应问题,有的学生人际交往受挫,有的学生生活难以自理,这时候的学生情绪很不稳定,这一时期的逆商培养应从情感方面入手,提高学生的自信心和自理能力,可以通过开设心理健康课程、团体心理辅导活动来帮助学生提高心理承受力。在这一时期,应更注重学生的心理变化,多加强沟通交流,给予帮扶。

在大二时期,学生学业负担加重、恋爱等方面产生困惑,大学生逆商的培养要有点有面,统筹兼顾。应主要从提高大学生抗挫折能力方面来进行宣传教育。在这一时期,学生可能更加注重社会实践,忽视学业,导致不及格,因此,辅导员、班主任老师要多督促学生加强学习,以免因学业成绩不理想而增加挫折感。

在大三时期,学生面临的问题多而明显,比如:如何在继续深造、择业就业、恋爱、职业生涯规划中作出选择,如何在同龄人中提高自己的核心竞争力等。这个时期主要引导学生理性认识自我、悦纳自我,找准定位,培养他们的实习实践能力、就业创业能力,让学生合理规划自己的人生。

在大四时期,大学生开始参加实习实践活动,在理想与现实之间,在美好愿望与自身能力之间,在环境影响与自我调节之间,如何更好地抉择,成为困扰学生的话题。因此,学校要通过开设职业生涯规划课、就业创业指导实践课等途径,让学生提前体验求职过程中可能遇到的各种问题,引导学生学习合理的求职技巧。

(三)营造良好的社会环境

大学生刚步入社会,可能产生心理落差。因此,要尽量营造一个良好的舆论环境,建立一个向善、向上的积极的社会支持系统。用人单位要在大学生参加实践的环境中开展岗前培训,让他们尽快融入工作和生活的环境;用人单位也要本着公开、公平、公正的人才引进机制,录用大学生。

第九章
网络心理

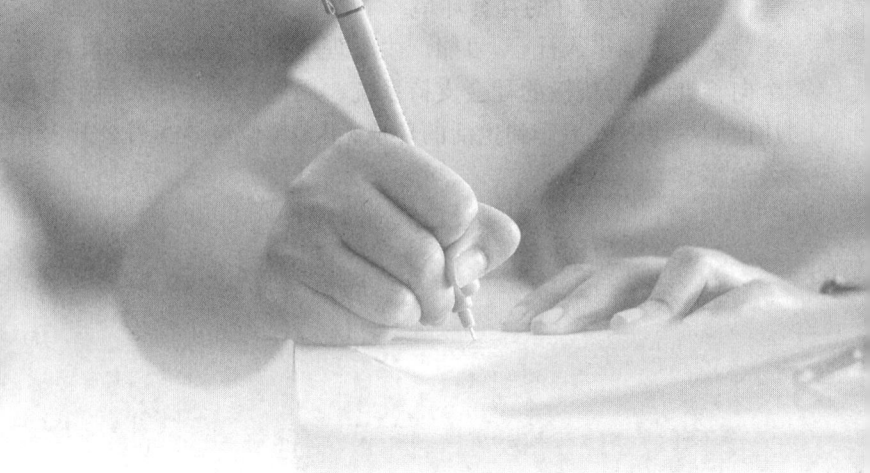

第一节 网络心理概述

一、互联网的基本特征

互联网又称因特网,通过信息技术的手段达到资源共享。借助互联网,人们可以发送邮件、在线聊天、互助协作、娱乐消遣。互联网已成为家喻户晓的交流工具。互联网的基本特征有四个。

(一)网络的开放性

通过互联网,人与人之间可以互相联系、信息共享。共享信息越多,开放性越高,互联网发挥的作用就越大。互联网的开放性意味着任何人都可以得到网络上的信息,意味着任何个人、任何组织,包括国家和政府都不能完全独揽互联网的信息服务。

(二)网络环境的虚拟性

技术世界、人文世界和社会世界共同组成的网络世界是虚拟化的状态。在网络世界的人,以某种虚拟的形象、身份与对方沟通、交流,交往活动不限于特定的时间、空间,使人与人之间的交往充满不确定性。但需要注意的是,网际关系的虚拟性不等同于虚假性。

(三)网络信息的迅捷性和多元性

相对于报刊、广播、电视媒体这三种传统媒介,网络传播更加迅速、观点维度更多,深得大众喜爱。而且网络信息是通过互动传播的,在网络上言论更为自由,交往范围扩大,满足了人们的信息需求,社会关系更加多元、复杂。

(四)网络关系的互动性

网络关系的互动性不仅体现在交流与沟通的增进,而且还体现在互动交流过程中完成的信息传递。

二、网络心理特点

(一)认知方面

1. 尝试心理

网络的互动性、开放性促使大学生有强烈的上网需求。大学生可以通过互联网,平等地发布信息,交流思想与情感,尽情地表达、宣泄情绪。对于崇尚自由、追求民主、渴望平等的大学生而言,网络是一个展现自我的平台,激发了大学生的尝试心理。

2. 猎奇心理

大学生好奇心强,网络空间内丰富的资源满足了大学生的需求。通过互联网这个世界上最大的信息库,大学生开阔了视野,产生了全新的生活体验。

(二)情感方面

1. 解压心理

有的大学生在学习、生活、人际关系、择业就业方面的压力较大,而网络具有的隐匿性、开放性、便捷性等特点便于大学生适时转移、倾诉、宣泄自己的负面情绪,缓解压力。

2. 娱乐心理

通过网络平台玩游戏、聊天、听音乐、看电影、阅读电子书等已成为大学生学习、生活、娱乐的重要途径。大学生好奇心强,对新事物反应迅速,而互联网正好满足大学生的需求,因此,在网上"冲浪"成为大学生休闲、娱乐的主要方式。

3. 价值认同心理

大学生需要展示自我,体现自我价值,而网络为大学生提供了便利条件。通过互联网,大学生彼此认识,相互交往,并从中获得自信、自尊、自我认同感,如有的大学生通过网络平台完成学业、自主创业。

4. 逃避心理

由于社会的不协调发展造成了社会中存在各种各样的压力,很多学生为了躲避现实生活的压力,会在互联网中寻求精神寄托。也有很多学生是在现实生活中受到了挫折,因此转向互联网世界的怀抱。

三、网络与大学生心理健康的关系

网络作为一种新型的信息传播和人际交往工具,正在改变着现代人的生活方式,对大学生的学习、生活、人际交往起重要作用。一方面,网络对大学生心理健康有着积极影响,比如:为大学生提供了更大范围的群体环境,有助于建立良好的人际关系;提供了角色实践的场所,有助于大学生创造性思维的激发;提供了专业心理援助,有助于提高大学生心理健康水平。另一方面,网络又容易造成大学生迷失自我,影响其心理健康,并诱发种种心理障碍。网络对大学生心理健康的影响要有两个方面。

(一)对大学生自我同一性的影响

网络的海量信息以及强大的信息搜索功能可以帮助青少年获得有关自我认识方面的信息,从而促进对自我的探索。网络人际交往的交互性以及主体多样性,也使得青少年可以与不同的网民交流,获得不同主体的评价,从而促进对自我的全面认识。

但网络环境的虚拟性、网络信息的多变性等,也可能给当代大学生自我同一性的探索带来混乱,主要表现在以下三个方面。

① 产生角色混乱。网络的虚拟性便于大学生把自己分成若干角色,并尝试每个角色带来的新鲜感,使他人对自己有多种认知。但他人的认知过多反而会使大学生对自己的认识、了解更加模糊,而自我暴露的心态又使大学生自觉或不自觉地流露真实的自我,使大学生迷失于虚

拟自我与真实自我之间。同时，虚拟角色和现实角色之间的冲突可能更严重，容易导致大学生的角色混乱。

② 现实自我与理想自我差距过大。网络世界很难使大学生的虚拟自我与现实自我相互统一。大学生的自我同一性难以较快实现，内心产生挫折感、失败感，有的大学生放弃了对理想的追求，沉迷于网络世界。

③ 主观我和客观我之间矛盾加大。有的大学生通过网络世界，不断建构自己的身份，创设了多个"自我"，理想自我与现实自我处于矛盾状态中，加剧了主观我与客观我之间的矛盾。大学生对自我的主观认识、评价与客观、现实的自我之间的矛盾加大，不利于大学生社会性的发展。

（二）对大学生时间管理能力的影响

互联网的方便、快捷给大学生的生活提供了很多便利条件，但也会浪费大学生很多时间。大学生的网络成瘾行为与时间管理能力呈显著负相关，即时间管理能力越强的大学生，网络成瘾的概率越小。反之，时间管理能力越弱的大学生，越无法控制上网时间，导致上网时间毫无节制，网络成瘾的概率越大。

我们应该取长补短，充分发挥网络的育人优势，采取有效的手段，尽可能地减少其负面效应，为大学生创造清洁、良好的网络环境，让他们能在网络时代健康成长。

第二节　网络成瘾及其防治

一、网络成瘾综合征

网络成瘾（Internet Addictien Disorder，IAD）是指由于个体对互联网过度依赖，产生的心理异常症状，以及伴随的一种生理性不适，主要表现为个体过度上网，在线时间达 6 小时以上；如果不上网，表现出精神萎靡不振或精神颓废状态。格里菲斯认为网络成瘾与物质成瘾一样，具有突显性、耐受性、戒断性、冲突性和反复性等核心特点。2008 年，我国首部《网络成瘾临床诊断标准》通过专家论证，这一标准打破了我国医学界长期以来无科学、规范的网络成瘾诊断标准的历史，为今后网络成瘾的预防、诊断、治疗、研究提供科学依据。根据《中国青少年健康教育核心信息及释义（2018 版）》，网络成瘾指在无成瘾物质作用下对互联网使用冲动的失控行为，表现为过度使用互联网后导致明显的学业、职业和社会功能损伤。

（一）网络成瘾的表现

网络成瘾者对网络的依赖程度很严重，主要表现为：自己无法控制上网的时间；多沉溺于网络聊天或网络游戏，脱离现实生活。在初期，网络成瘾者有内心依赖，后来，发展成躯体上的依赖，同时，伴随着身体不舒服的症状，如头昏眼花、疲乏无力、食欲下降等，严重者还会有其他并发症，如心血管疾病、肠胃神经症、紧张性头痛、性格改变等。

（二）网络成瘾的类型

根据 2008 年我国出台的《网络成瘾临床诊断标准》，网络成瘾分为五类。

1. 网络游戏成瘾

网络游戏成瘾是占比最高的类型。有的学生无节制地沉迷于网络游戏，不仅浪费时间、精力,而且严重影响了生活和学业。

2. 网络色情成瘾

网络色情成瘾指沉迷于网络上的色情内容而无法自拔,包括文字、图片、电影、色情聊天等。大学生正处于性生理成熟期,极易受到网络色情的诱惑而导致网络成瘾。

3. 网络关系成瘾

网络关系成瘾指过分沉溺于网络人际交往关系,并取代现实中的人际交往。大学生渴望与人交流,而网络的便捷性、虚拟性为大学生网络交友提供了条件,使有的大学生甚至逃避现实中的人际交往。

4. 网络信息成瘾

网络信息成瘾指无法控制地在网上搜索过多的、无现实意义的信息。大学生求知欲强,对网络信息求知若渴,然而,过度迷恋网络信息也会影响身心健康。

5. 网络交易成瘾

网络交易成瘾指过分沉迷于网上购物、消费、拍卖等活动。网络操作便捷,内容丰富,激发了很多人的购买欲、消费需求,但同时也浪费时间、精力和财力。

(三)网络成瘾的成因

以往研究表明,人格、自我、人际关系、亲子沟通、心理需求、主观幸福感和使用体验等多个方面的因素都会影响网络成瘾。总体来看,网络成瘾的成因很复杂。大学生网络成瘾的成因,可以归纳为以下四个方面。

1. 网络本身的诱惑

网络有快捷性、可操作性、虚拟性等特点。在虚拟的网络环境中,道德准则、社会规范的制约性减弱或欠缺,大学生可以随心所欲,内心顾虑较少。同时,网络游戏激发大学生的主观能动性,体验感、愉悦感增强。

2. 大学生自身原因

第一,一些大学生在生活、学习、自我控制、人际交往等方面能力较弱,内心脆弱,容易被网络影响。第二,大学生的世界观、人生观和价值观处于形成过程中,不太稳定,好奇心十分强烈,很容易受网络影响。第三,以学习为主的大学生活比较单调,于是,大学生通过网络寻求刺激。第四,大学生渴望沟通交流,渴望友情与爱情,但有的大学生性格内向、不善交际、比较孤独,在现实生活中感到孤单、无助,就在网上寻求精神寄托。性格内向、敏感、人际交往困难的人容易网络成瘾。第五,有的大学生因学习成绩下降,认为学习无趣,反而沉迷网络,在网络中寻求理想自我,用虚拟自我代替现实自我。

3. 家庭环境的影响

亲子关系不良、家庭教养方式不当也是大学生网络成瘾的重要影响因素。第一,亲子关系不良。有的大学生由于与父母的关系疏远、存在代沟或没有共同语言,于是,他们便去网络中寻求情感支持,可以逃避现实中的许多不愉快。第二,家庭教养方式不当。有些父母因忙于工作,仅关注孩子的学习,忽略了与孩子的情感交流,不懂得换位思考,导致亲子之间沟通困难;有的家长对孩子缺乏教育,缺少关爱,只满足孩子的物质需求,忽视了孩子的内心需求。因此有的大学生在脱离父母的监管后,无节制、无顾虑地上网,寻求情感慰藉。

4. 社会支持系统的缺乏

社会支持系统的缺乏是导致大学生网络成瘾的一个原因。比如:在网络游戏中当"高手"

的体验可能会非常好,这种体验在现实生活中可能是没有的。大学生在现实生活中可能感觉内心失落,而社会支持系统的缺乏,会使其到网络中寻求情感支持。而且,由于长时间上网,大学生参与现实中活动的时间减少,容易产生社会退缩行为,如此循环,更沉迷于网络。

二、其他网络心理问题

（一）网络孤独症

网络孤独症指过分关注网络,沉迷于网络中建立的友谊、爱情,淡化了现实中的人际交往,远离周边人,内心越来越孤僻。网络孤独不同于现实生活中的孤独,网络孤独是因刻意逃避现实社会和疏远人际关系而形成的单向孤独。网瘾者陷于孤独,是因为他们痴迷于网络这一虚拟伙伴,他们将网络视为生活伴侣和社交对象。随着大学生在网络中社交的时间增加以及情感投入的增加,当大学生的情感需求不能得到满足时,更易产生孤独感。长时间沉迷网络的人,在现实中的沟通能力、合作能力会下降,会感到无所适从,人际关系冷漠,有强烈的孤独感。有网络孤独症的学生往往表现为:缺乏团队协作意识,神情恍惚,形单影只,独来独往,远离同学、朋友、亲人,社会适应能力下降,通过网络宣泄情绪、表达情感。

（二）网络人格障碍

网络人格障碍主要是指人格结构失衡的网络心理问题。有的大学生长时间处于虚拟人格与真实人格的冲突中,角色认同混乱,分不清真实的自我与虚拟的自我,形成双重人格或多重人格。在网络交流中,有些大学生被谎言欺骗,同时,也成为说谎者,学生言行不一,人格异化。有网络人格障碍的大学生在现实生活中反应异常,比如:孤僻、冷漠、紧张、有暴力倾向、缺乏责任心等。

（三）网络犯罪倾向

网络既为大学生网上交流提供了便捷,也会造成虚假信息的传播以及不道德行为的发生。有的大学生自控能力差,道德意识淡薄,在网上容易引发不道德行为,如恶意侮辱他人、对他人进行人身攻击等。

三、大学生网络心理的自我调适

（一）理性看待网络

互联网为人类的交往提供了便利。网络交往具有自由、平等、开放的特点,但也充满诱惑、陷阱。我们不可沉迷其中。

网络为我们提供了丰富的资源,不合理使用网络是对社会秩序的干扰,危害极大。网络世界并非真实社会,我们应该学会区分二者,掌握现实生活中为人处世的方法。大学生要有正确的网络认知,辩证地看待网络,合理利用网络资源,处理好现实生活与网络世界的关系。

网络虽然给我们带来很多心理上的满足,但是长期沉溺于网络会使我们与现实生活疏离,从而使我们适应现实生活的能力下降。首先,应该从思想上认识到自身问题的严重性以及长期上网给自身带来的危害;其次,要积极地付诸行动,多参加集体活动,做一些自己感兴趣的运动,多和同学、老师交流,规定自己上网的时间,慢慢戒除网瘾。

（二）讲究网络礼仪

我们要懂得网络规则,遵守网络礼仪,使互联网更好地为我们服务。网络礼仪就是指网络上通过电子媒介体现的社会认可的行为和方式,是在网络世界的交往中,以一定的约定俗成的程序方式来表示尊重对方的过程和手段。

（三）遵守网络道德

大学生要遵守网络道德。第一，网络用语文明。不发布不良、虚假信息。要为自己的言行负责。第二，不盗用网上资源。网络资源也受法律保护，盗用网上资源容易使自己产生网络依赖，产生不劳而获的想法。第三，不在网上赌博。赌博对于自己、对于别人有害无益，虚拟世界的赌博也会受到法律制裁。第四，不破坏网络系统。大学生要从自身做起，不蓄意破坏网络，要更好地维护网络。

（四）选择网络环境

大学生应理性选择网络环境。要确保所使用的网络有一定的安全防护措施，如防火墙等，保护个人信息安全；参与积极向上，能促进交流、成长的网络社交圈子，但要保持理性，适度交往；尽量选择正规、知名的网络平台，减少潜在风险；关注网络环境的舆论导向是否积极、正向，避免不良思潮的影响。

（五）设定上网目标

大学生要明确自己的上网目标，并按重要性、紧急度进行排序，列出任务清单，估计上网时间。如这次上网大概需要一小时，可以用一些方法提醒自己，如设置手机闹铃。上网半小时后，用闹铃提醒自己，看任务进展如何，如果没达到预期，就得加快完成的进度，减少在网上随意浏览的时间，提高效率。

（六）培养多种兴趣爱好

大学生应该多参加实践活动，挖掘潜能，发现优势，积极寻找有意义、感兴趣的现实活动，减少上网时间。如闲暇时间约同学和好友一起外出郊游、爬山等，既能开阔视野，也能增进感情；阅读自己感兴趣的期刊或专业书籍等；进行体育锻炼，强身健体。

（七）科学规划人生目标

很多大学生网络成瘾是由于觉得大学生活空虚、无聊，没有生活目标和追求。明确的生活目标是增强人生动力的关键所在，大学生首先要客观、全面地认识和评价自己，弄清楚自己的优势和劣势是什么，才能知道"我可以做什么"和"我应该怎么做"。然后，结合自己的个性特点、专业背景、综合能力等认真思考，定位自己的个人理想与人生追求，将社会需要和个人实际结合起来，制订切实可行的人生规划，明确自己大学四年每一个阶段的具体要求；在执行过程中根据实际情况适当地进行调整和修改，在实现目标的过程中要有克服困难的恒心和勇气。

（八）寻求社会支持

社会支持是指由他人提供的一种资源，它对于个体的发展与适应有重要的影响。大量研究表明，个体社会支持水平越高，主观幸福感越高，焦虑、抑郁和孤独程度越低，社会适应状况越好。同时，社会支持也会影响网络成瘾，社会支持水平越高，网络成瘾程度越低。

第十章
心理问题与心理异常

第一节 心理问题

一、常见的心理问题

随着信息时代的来临、高校的扩招、竞争的日益激烈、价值观念的多元化,再加上很多大学生心理素质不高、情绪发展不稳定,这些因素使大学生承受着内外双重压力,容易导致心理问题。

大学生常见的心理问题主要表现在环境适应、学业困扰、人际关系、恋爱与性心理、情绪情感、择业就业、网络成瘾、反社会行为等方面。其中,环境适应问题、学习问题、人际交往问题、恋爱和性心理问题、择业就业问题尤为突出。

一般来说,大学生心理问题主要有两种:发展性问题和障碍性问题。大学生心理问题以发展性问题为主,因此,通过积极的自我调整、寻求心理咨询可获得一定程度的缓解、疗愈。

(一)**发展性问题**

发展性问题是指个体在发展过程中遇到的问题,如果个体不能顺利完成这个阶段的任务或者不能顺利度过这个阶段,可能出现心理问题,大学生常见的发展性问题主要有以下七种。

1. 环境适应问题

新生刚入学时,可能在学习、生活、人际交往等方面不适应,这属于正常现象。大学新生刚迈进大学校门,要面对的是完全陌生的环境和生疏的人际关系,而且大部分学生是第一次离开家乡,离开熟悉的家人、老师、同学和生活环境,都或多或少体验到分离焦虑。大部分新生还没有做好准备来适应新的环境,也不能很好地独立处理各种问题,导致在入学之后不同程度地出现适应困难、焦虑不安、孤独等状况,若达到一定程度还可能会产生食欲缺乏、心情烦躁、失眠和注意力不集中等症状,严重的甚至会造成神经衰弱。

2. 人际关系问题

大学生来自四面八方,在认知理念、生活习惯等方面存在差异,人际关系更为复杂。人际关系的失调也是引发大学生心理问题的一个重要原因。由于缺乏经验与技巧,沟通不良、社交关系失调、人际冲突、孤独无助等都是大学生在交往过程中容易出现的情况。如有的学生因过于自卑而不敢和外界交往;有的学生虽然主动去交往,但在人际关系中存在着偏见、误解或过分的苛求,或是对他人情感缺乏同情、理解和尊重,以致人际关系不协调,难以被他人接受。

3. 学业困扰

大学的学习和高中的学习有明显的不同,许多学生进入大学后不适应大学的学习,容易产生心理问题。

大学生的主要任务是学习,但当前很多大学生缺乏学习的动力,其原因多种多样。有的是因为对当前所学专业不感兴趣,有的是因为承受了十几年的考试压力,产生了对学习的厌倦,有的则是抱着临时抱佛脚、得过且过的心态。再加上大学的学习方法和管理模式与高中截然不同,都会造成大学生在学习上的适应困难,主要体现为没有掌握学习策略、考前焦虑、学习效率低下等,出现情绪烦躁、思维迟钝、头痛失眠、成绩下降等现象,同时也有因对所学专业不感兴趣、学业压力过大而引发的心理障碍。

4. 心理压力

有的大学生面临着学习、生活、人际交往等方面的压力,不懂得积极求助、自我减压,还有的大学生家庭经济困难、家庭发生变故、身体有长期慢性疾病,也容易产生心理压力。

5. 恋爱与性心理问题

大学生生理上趋于成熟,情感体验深刻持久,内心渴望与异性交往,向往爱情生活。有的大学生在恋爱过程中存在情感和性心理困惑。

6. 人格及个人成长

有的大学生因原生家庭等原因,内心比较自卑、敏感、脆弱,如果遇到一些挫折或者遭到别人拒绝,容易产生心理危机;有的大学生对未来很迷茫,不知道将来能干什么,找不到人生的意义和价值。

7. 就业困扰

很多临近毕业的大学生因缺乏充足的准备而出现焦虑、烦躁、压抑、躯体不适等心理问题或心理障碍。

毕业前,很多应届毕业生都会产生焦虑情绪,担心能否找到合适的工作,担心在工作岗位上能否发挥自身特长,担心能否胜任工作,等等。大学生在择业前,往往踌躇满志,而在求职过程中一旦受到挫折,容易产生自卑心理,自信心减弱,自尊心受损,对自己全盘否定。在求职过程中,有些大学生缺乏自信心和勇气,不敢面对激烈的就业竞争。

(二)障碍性问题

障碍性问题是指个体在生活、学习、人际交往、恋爱等方面遇到困难或阻碍,内心难以适应,产生较严重的心理障碍,如抑郁症、精神分裂症等。

1. 心境障碍

心境障碍又称情感性精神障碍,是以显著、持久的情感或心境改变为主要特征的一组精神障碍。心境障碍包括抑郁症、双向情感障碍、恶劣心境。

2. 神经症

神经症又称神经官能症,是一组精神障碍的总称,表现为焦虑、抑郁、强迫、恐惧、疑病症、神经衰弱症等。神经症的发病通常与心理和社会(环境)因素密切相关,如长期的精神压力、不良生活事件等,主要包括焦虑症、强迫症、恐怖症。

3. 人格障碍

人格障碍又称病态人格、人格异常,是指明显偏离正常且根深蒂固的行为方式,具有适应不良的情绪和行为反应模式。人格障碍的形成往往与遗传、早期成长环境等多种因素有关。

常见的人格障碍包括三大类：第一，以行为怪异为特点，包括偏执型人格障碍、分裂型人格障碍；第二，以情感强烈、不稳定为特点，包括癔病型人格障碍、自恋型人格障碍、反社会型人格障碍；第三，以紧张、退缩为特点，包括回避型人格障碍、依赖性人格障碍。

4. 性心理障碍

性心理障碍是指性心理和性行为明显偏离正常，并以这种偏离作为性兴奋、性满足的主要或者唯一方式的一组精神障碍，常见的有恋物癖、露阴癖、窥阴癖等。

5. 精神分裂症和其他精神病

精神分裂症是一种严重的精神障碍，主要表现为思维、观点、情绪、语言、自我意识、行为出现扭曲。常见的精神病主要包括感知觉障碍（幻觉，以幻听最为常见）、思维障碍（思维散漫、思维破裂、妄想等）、情感障碍（情感淡漠、情感倒错等）、意志行为障碍（活动减少、行为退缩、缺乏主动性等）。精神分裂症通常发生在青春期、成年早期，常由强烈的心理压力导致。

二、常见心理问题的调适

2018年7月，中共教育部党组印发了《高等学校学生心理健康教育指导纲要》，要把立德树人的成效作为检验学校一切工作的根本标准，着力培养德智体美劳全面发展的社会主义建设者和接班人。要坚持育心与育德相统一，加强人文关怀和心理疏导，规范发展心理健康教育与咨询服务，更好地适应和满足学生心理健康教育服务需求，培育学生自尊自信、理性平和、积极向上的健康心态，促进学生心理健康素质与思想道德素质、科学文化素质协调发展。

面对大学生心理问题，可从以下三个方面进行心理调适。

（一）通过多种形式释放和减缓自我压力

移情法是将自身的困惑焦点转移，通过自身喜欢的方式宣泄自身的不良情绪；倾诉法是学生可向旁人将令自己头疼的问题和困惑表达出来，以解除自身的心理困惑；发泄法是学生选择参与户外运动，如通过攀岩和登山等运动缓解自身的压力，让自身的心情得以放松，让紧绷的状态得到有效的缓解。

（二）学会交往，建立良好的人际关系

大学生需要明白所有人都离不开社会关系，时刻处于社会关系网格之中，只有拥有良好的社会适应能力和健康的心理水平才能建立良好的人际关系。良好的人际关系能够提升大学生的学业和生活质量。大学生要在人际交往中时刻保持真诚和主动，善于学习和运用人际沟通方法和技巧，通过积极的态度建立和谐的人际关系。

（三）坚持积极向上的态度

随着当代的生活节奏加快，心理问题不可避免。大学生只有依靠积极乐观的心态来应对和分析问题，才能增强大学生解决自身心理问题的能力。首先，正确看待各种竞争，坚持平常心策略。大学生要努力调整自身的心态，正确认识和对待竞争中存在的不合理及不公平现象，逐步减少不公平竞争给自身带来的不良影响，有效提升自身的优势。其次，正确看待自身生活、学习、工作的不良遭遇。大学生的生活环境与社会环境一样都要受到相应的制约和影响，因此大学生要正确看待自身遇到的一切困难和阻碍，总结经验，吸取教训，并不断完善自己，改变自己的不良处境。

第二节 心理异常

一、心理异常的定义

心理异常是指偏离正常的心理状态。

美国精神病学会修订的《心理障碍诊断与统计手册》将心理异常定义为:"发生于个体的一种临床上有意义的行为或心理症候,其特征是与一种痛苦的症状相联系的,或涉及一种以上重要功能的损害。"

在心理学方面,正常与异常并没有一个明确的界定,只是一种相对概念,差别大多表现在量的方面。

二、心理异常的主要表现

(一)抑郁

抑郁是一种以情绪低落为特点的比较复杂的消极情绪,主要表现为强烈而持久的悲伤、忧虑、情感淡漠、绝望、缺乏生活的热情,有强烈的自卑感,认知能力减退,行动迟缓,食欲减退,言语减少,暴饮暴食或厌食偏食,失眠多梦或入睡困难,浑身无力,社会功能受损;在自我认识方面表现为自我评价较低;在生活方面表现出对生活缺乏信心。

(二)焦虑

焦虑是缺乏客观原因的,使人的内心感觉烦躁不安或莫名的担忧,主要表现为对未来的担忧、紧张、恐惧、痛苦而难以自制,同时,可能会有心跳加速、呼吸急促、出汗、头晕、胃肠不适、注意力难以集中、睡眠障碍等身体症状,严重时会伴有植物性神经功能紊乱或失调。

(三)自卑

自卑是指个体自我否定,低估自己的能力,觉得自己不如别人,主要表现为害羞、内疚、不安、忧郁、失望等。大学生辩证逻辑思维在形成的过程中,缺乏社会经验,遇到困难或挫折时,很容易产生自卑感。造成自卑的原因很多,如自我认识缺乏、家庭经济因素、社会文化因素、个人成长经历、人格特点等。

三、高校对于大学生心理异常的调适

(一)构建"人文关怀"教育体系

高校应构筑"人文关怀"教育体系,坚持"五育润心"教育理念,以德育心、以智慧心、以体强心、以美润心、以劳健心;健全大学生人格,开展健康向上、丰富多彩的校园文化活动;关爱弱势群体,营造和谐、温馨的校园氛围;注重课程思政,将心理健康教育理念融入教育教学,实施人文关怀教育;以辅导员老师为主、以班主任为辅,开展朋辈互助,从学习、生活、心理等方面对学生给予关爱、温暖,使他们能够及时得到帮扶。

(二)建立立体管理模式

1. 建立动态心理测评系统

可通过心理测评等科学方法,尽早发现有心理问题的学生,并主动进行干预。第一,进行

心理健康普查。在新生入学后,通过大学生心理健康测评系统进行心理测试。第二,建立"一生一策"心理档案,根据心理测评结果,进行约谈干预,建立学生心理档案,对学生心理健康状况进行初步了解。第三,进行反馈,对于有心理问题的学生要及时进行反馈,按照"宿舍心理联络员—心理委员—辅导员—心理咨询中心"的顺序构建心理"四级预警机制"。

2. 建立"学校—二级学院—班级"的层级覆盖系统

第一级由学校心理咨询中心的教师组成,负责全校学生的心理测试以及二级学院辅导员、学生骨干的业务培训;第二级是各学院主管学生工作的教师和辅导员,这一级人员每天在第一线与学生接触,对学生情况十分了解,可以对学生心理现象进行日常监督;第三级是各班级的心理委员,作为学生的"朋辈心理互助员",要有效地发挥他们"自我教育、自我管理、自我服务"的作用。心理委员每天与班上同学在一起学习和生活,能及时充分了解到各班同学的异常心理表现。然后心理委员通过及时向辅导员反馈信息,能使辅导员及时捕捉到学生个体异常变化情况,及时将需要关注的个体纳入重点关注对象,加强心理健康工作的针对性。

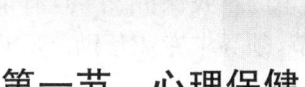

第十一章
心理保健与生命教育

第一节 心理保健

一、心理咨询与心理治疗

（一）心理咨询

心理咨询是指由受过咨询心理学专门训练的专业人员运用心理学知识、理论和技术，针对来访者的各种适应与发展问题，通过与来访者协商、交谈、启发、指导，帮助来访者提高心理健康水平，增强社会适应能力。

当某些事引起了你强烈的心理冲突，自己难以解决时；当你人际关系中出现了较大问题时；当你睡眠不好，如失眠、做噩梦或梦游时；当你情绪极差、难以自拔，长期抑郁，对某些事过度敏感、焦虑时；当你的恋爱或家庭中出现了难以解决的问题时；当你的身体没有器质性病变，但仍感到疼痛不适时；当你有明显不平常的感觉和行为，如总听到一个声音指挥你、控制你，害怕并不可怕的事物，脑子里总不停地想一些无意义的小事，或不停地洗手、关门时，均可进行心理咨询。

另外，如果你希望进一步完善自己的性格，也可以在心理咨询师处获得帮助。总之，只要遇到和心理有关的问题，都可以获得心理咨询师的帮助。许多看似极难解决、长期困扰你的问题，在专家的指导下都可能找到解决的办法。需要说明的是，每个心理咨询师都有其风格和擅长的特定领域，需要选择适合自己的咨询师。

心理咨询的形式可以是面对面的心理咨询，包括个体和团体两种形式。咨询师与来访者采取面对面的方式交谈，详细了解、分析来访者的心理困扰，帮助他们摆脱有碍于身心健康的不利因素，提高他们解决问题、适应环境的能力。对已经形成心理障碍者，咨询师会在《中华人民共和国精神卫生法》的框架之下分析其病因和症状，制订完整的治疗计划。面对面咨询掌握的情况全面，能够更深入地为来访者提供有效的帮助，是一种首选的心理咨询方法。

咨询的方式还包括电话咨询、信件咨询、网络咨询、专栏咨询等。大学生可根据实际情况选择适合自己的方式。

（二）心理治疗

心理治疗是指用心理学理论和方法对人格障碍、心理疾病的治疗。广义的心理治疗包括对来访者所处环境的改善，周围人（包括医生）语言、行为的影响（如安慰、鼓励、暗示、示范等），特殊的环境布置等一切有助于疾病治愈的方法；狭义的心理治疗指由心理医师专门实施的治疗。

心理治疗的技术和方法有暗示、催眠、精神分析、行为矫正、生物反馈、气功、瑜伽、体育运动、音乐、绘画等。

二、常见的心理咨询与心理治疗误区

1. 有心理障碍是由于自己在生活中犯错

心理障碍是由个体生理、心理、社会环境等因素影响而形成的，与个体的道德品质没有关系。有时候，心理障碍是个体无意识的自我保护。一旦有了心理障碍，就要积极、勇敢去面对，进行自我调节。如果自己无法调节，须寻求专业帮助。心理咨询不能对当事人进行道德方面的评价。

2. 求助于心理咨询很丢人

有的人对心理咨询存在误区，认为心理咨询丢人、不体面，这是缺乏对心理咨询的正确认识的表现；也有的人认为只有精神病患者才去心理咨询，事实上，精神病患者只占心理咨询人数的一小部分，而且他们要进行心理治疗，配合药物治疗。心理咨询是面向社会适应困难、心理调节困难的正常人。有无自知力是心理咨询中判断心理问题是否严重的一项重要指标。

3. 心理咨询会泄露个人隐私

来访者在心理咨询过程中会谈到个人成长经历、内心感受等隐私话题，这可能正是心理问题的关键，这说明来访者有较强的改变现状的意愿。在咨询过程中，来访者可以卸下包袱，坦诚地面对自己的内心，这也是来访者自我成长的一部分。在心理咨询（心理治疗）的过程中，咨询师会对来访者的信息保密，但如果发现来访者有自伤或伤人意向时，将不再保密。

4. 弱者才求助于心理咨询

能够意识到自己的局限，并积极寻求资源的人，才能更好地适应环境。来访者一方面意识到了自己的局限，并愿意通过咨询师这面镜子来观照自己，以便更好地发展；另一方面，来访者善于利用各种资源，帮助自己成功，而不是自欺欺人，故步自封。

5. 心理咨询就是聊天

心理咨询或心理治疗是通过科学心理学的方法，与来访者共同探索，解决心理困惑，促进个体人格的发展与完善。心理咨询或心理治疗既不是普通朋友的聊天，也不是带有立场的劝解，在心理咨询或心理治疗的过程中，咨询师始终保持中立的态度。

6. 心理咨询产生效果需经历一段过程

很多人认为心理咨询的效果应该立竿见影，想通过一次心理咨询就解决问题。事实上，通过一次心理咨询就能解决问题的情况很少。心理咨询的效果取决于很多影响因素，如来访者的需求、领悟能力等。通常情况下，心理咨询需要经历一段过程，即使是短程的心理咨询也需要几次或十几次。

7. 心理咨询师应该帮来访者做决定

心理咨询是帮助来访者发现自己的潜能，积极生活；咨询师可能会为来访者提供解决问题的方案或者是指导性的建议,让来访者自己去选择,但不会替来访者做决定。一般情况下,来访者也不需要咨询师做决定。

8. 心理疾病不需要住院治疗

一般情况下,心理障碍的治疗不需要住院。但是,如果来访者出现以下三种情况,必须住院治疗:第一,来访者最近有过自伤、自杀或伤害他人的行为;第二,来访者有周密的自杀计划,情况很危险;第三,来访者患有自杀倾向的精神疾病,并处在发作期。入院治疗可以保证来访者的生命安全,同时,可以保证及时、有效的药物治疗,为来访者负责,是对生命的最大尊重。

三、常见的心理保健方法

（一）开设心理健康教育相关课程

高校应在低年级学生中开设心理健康教育、实用医学教育、卫生保健教育等课程,让大学生系统掌握自我保健知识和技能,学会自我医务监督检查的手段,掌握基本的心理保健知识,具备初步的心理调控能力;利用学生喜欢的广播、网络、电视等向学生们宣传健康的相关知识,使学生获得完整的健康观念,树立"健康第一"的理念。

（二）拓宽经费来源，创设良好的物质环境

高校应加强各种体育运动设施的建设,为学生提供方便的运动场地和条件;建立功能齐全的心理咨询机构,开展心理咨询,这是解决大学生心理问题的主要渠道,也是增进大学生心理健康的重要手段和方式,与心理健康教育相辅相成。

（三）建立大学生行为监测评价体系

要及时发现高危个体,充分发挥辅导员、班集体和宿舍团体的作用,针对存在的问题,给予一对一的具体指导。

（四）积极改善周围环境

要重视学校与社区健康教育工作的联系,使学校、家庭、社区的健康教育与服务密切联系起来,发挥综合效益。

（五）帮助大学生树立正确的价值观和人生观

要培养大学生良好的生活方式,改正不良嗜好,提高大学生的时间管理能力和财产管理能力;帮助大学生掌握人际交往的基本知识和技能,树立正确的人际交往观,使其能够正确地认识和处理恋爱关系以及人与人之间竞争和合作的关系。

（六）大学生自我心理调节

自我保健最关键的是依靠自身的力量。大学生要积极主动地掌握情绪的自我调节方法,学会心灵的自我按摩。情绪的自我调节主要通过以下方式。

1. 宣泄

常用的宣泄方法有:①倾诉,通过与同学、朋友和亲人的沟通与交流,获得他们的理解、支持和劝导,可以对情绪起到良好的舒缓作用;②写日记,写日记不仅有助于理清纷乱的思路,缓解紧张激烈的情绪,还有助于找出问题的症结,进而促进问题的解决;③适度痛哭,医学研究发现,人在情感激动时流出泪液,有助于清除体内某些蛋白质,以减轻乃至消除人的压抑情绪,因此短时间内的痛哭是释放不良情绪的最好方法,是心理保健的有效措施。

2. 音乐疗法

音乐作为一种艺术,是人的情绪情感的一种表现方式,曲调和节奏不同的音乐可以使人产生不同的情绪体验。在国外,音乐调节已应用到了亚健康状态的调整以及外科手术和精神病、抑郁症、焦虑症等病症的治疗上。如忧郁烦恼时可以听《蓝色多瑙河》《卡门》《渔舟唱晚》等意境广阔、充满活力、轻松愉快的音乐,失眠时可以听优雅宁静的《摇篮曲》和《仲夏夜之梦》等乐曲。除了听以外,唱也能起同样的作用。尤其是高声歌唱,是释放激动情绪的有效手段。因此,唱歌也是发泄情绪的好方法之一。

3. 适度运动

坚持慢跑、爬山等温和的运动对紧张、焦虑、抑郁等不良情绪具有良好的改善作用,短时的剧烈运动(如拳击)则有利于发泄愤怒等强烈情绪,但过长时间和过高强度的运动则会对人体造成损伤。因此大学生不仅要积极参加体育运动,更要掌握锻炼身体的科学方法。

4. 建立正确的认知系统

要学会悦纳自己,合理接受自己的优点和缺点;学会接纳他人,不强求别人以自己的意志行事,不过多干预别人的行为;学会正确认识周围环境,努力改变自己能改变的,努力接纳生活中的不完美。

5. 自我放松训练方法

放松训练有助于我们更好地应对环境压力,降低焦虑水平,常用的方法有深度腹式呼吸法、简单放松术、"蝴蝶拍"放松法等。

(1) 深度腹式呼吸法

这是一种简单、易操作的身体放松方法,伴随着呼吸,人的身体得到放松,以缓解紧张状态,提高工作、学习效率。深度腹式呼吸法的具体操作如下:吸气,让胃部鼓起来,这意味着用全肺呼吸;尽量使上胸部活动最少,缓慢地吸气,大约持续4秒钟;屏住呼吸大约7秒钟;缓慢、均匀地将气完全呼出;呼气时,双肩和下颚下垂,使双手和双臂感到放松,大约8秒钟。

(2) 简单放松术

想象一个让你心情平静的声音(如海浪声,或心中默念"放松、放松……"),或是优美的物品(如你喜欢的画),或是让你平静的情景(如沙滩)。

① 闭上眼睛,以一个舒适的姿势坐着,想象你的身体逐渐变得放松。

② 用鼻子吸气,并把注意力集中于吸气过程。呼气时,注意内心感受,且呼吸要自然、放松。

③ 你可以自己把控放松的时间。有时需要2分钟,有时需要20分钟,当你感到放松了,就可以停下来。

④ 完成练习后,闭上双眼,安静地坐一会儿,然后睁开双眼,慢慢站起来。

(3) "蝴蝶拍"放松法

① 双臂交叉在胸前,右手放在自己的左肩膀,左手放在自己的右肩膀,放在令自己舒服的位置。

② 双手轻拍自己的肩膀,慢慢轻拍4~6次,为一组动作。

③ 停下来,深吸一口气。

④ 如果放松的感受不断增加,可以继续下一组。

【知识链接】

肌 肉 放 松 法

循序式肌肉放松法可以用来释放压力。要按照下列步骤,每次练习 30 分钟,坚持练习约 7 天左右。

第 1 步:选择一个宁静的房间,房内有舒适的床或者柔软的沙发。请穿着宽松的衣服或睡衣,睡在床上或躺在沙发上。

第 2 步:做 3 次深呼吸。缓缓吸气,屏住气约七八秒,保持全身紧张,然后,握紧拳头,体会紧张的感觉,缓缓呼气,体会松弛的感觉。

第 3 步:依次按摩身体各部位,并不断地对自己说:"放松,我现在感到非常舒畅……"在发布这些命令的同时,你要尽量体验全身放松的感受。依次按摩手指及手掌—前臂—手臂—头皮—前额—眼—鼻—下颚—颈—脖—背—前胸—后腰—肚—臀—耻骨—大腿—膝—小腿—脚—脚趾,体会放松舒适的感觉。

第 4 步:当完成全部过程时,想象一股暖流,从头部缓缓地流入脖子、胸、肚、腿、脚尖,这种舒适感加深全身的松弛程度。

第 5 步:静静地躺在床或沙发上,尽情享受这种松弛的感觉。

温馨提示:除第 5 步无时间限制之外,从手指到脚趾部位的逐步放松需 6~7 分钟。

第二节　生命教育

一、心理危机的定义及分类

(一)心理危机的定义

心理危机是指意外事件造成的心理创伤,使心理内环境出现巨大的失衡,以致不能自持及至精神濒临崩溃的状态。心理危机不是疾病,而是一种情感危机,我们每个人都可能遇到。多数情况下,心理危机在 6~8 周内可缓解,也有少数人会处于持续失衡状态,需要专业的心理帮助。林德曼最先提出了"心理危机"概念,杰拉尔德·卡普兰首次发表心理危机干预理论,是"心理危机"理论的鼻祖。

(二)心理危机的分类

1. 成长性危机

成长性危机是一种正常的危机,是个体在正常成长和发展过程中,对急剧的变化(转变)产生的异常反应。如果成功解决危机,个体将逐步成熟和完善,如升学危机、性心理危机等。

2. 情境性危机

情境性危机有突如其来、难以控制、具有灾害性的危机,如交通事故、突患绝症或死亡、不可抗力因素引发的危机等。

3. 存在性危机

存在性危机指人生中重要事件出现,而导致个体内心冲突或焦虑,伴随个体在人生目标、责任、独立性、自由、承诺和未来发展等方面产生内部压力的危机。

二、大学生心理危机

（一）大学生心理危机的特点

1. 发展性

大学生处于人生发展阶段，不确定性很大，而每个人都有自愈的潜能，如由失恋引发的心理危机会因为周边人的帮扶而缓解；由求职引发的心理危机会因为找到工作而解决。大学生在解决危机的过程中，达到自我成长与发展。

2. 交互性

大学生心理危机往往是由多种因素共同作用的。经济状况、学业期望、情感归属、人际关系是大学生主要的人生课题，当大学生遇到特定的生活事件时，这些因素交互出现，引发大学生的心理危机。

3. 潜在性

潜在性是指大学生心理危机并非直接出现，而是潜藏在个体中，当遭遇危机性事件时，容易引发心理危机。大学生心理危机与成长相伴而生，没有"危机"，即使年龄与日俱增，大学生心理发展水平也并不会与时俱进。潜在的危机可以促进个体积极关注自我，获得成长的力量。

（二）大学生心理危机的成因

1. 社会因素

随着高校管理方式社会化、办学形式多样化、价值理念多元化，特别是网络、智能手机的普及，大学生心理危机很容易被诱发。

2. 个体因素

大学生正处于从青少年期向成年期转变的阶段，智力因素（思维能力、判断能力、理解能力等）与非智力因素（情绪、情感、意志）正在发展的过程中，人格还不健全，容易产生心理危机。

3. 家庭因素

家庭的养育方式、家庭成员的关系、家风家规、家庭结构等因素影响着大学生的人际交往、情绪情感、挫折应对和自我认知等。不和谐的家庭环境容易引起心理危机。

三、心理危机干预

（一）心理危机的识别

① 情绪状态异常：如原本开朗的人突然变得极度消沉、焦虑或易怒。

② 行为异常：如出现酗酒、过度抽烟、突然的自我孤立、攻击性增强或过度依赖他人等。

③ 睡眠问题：严重失眠或睡眠过多。

④ 学习或工作表现急剧变化：成绩大幅下降、频繁缺勤或工作效率明显降低。

⑤ 言语表达消极：频繁提及死亡、绝望、无助等消极话语。

⑥ 兴趣丧失：对以往喜爱的事物失去兴趣。

⑦ 身体症状：如无生理原因的身体疼痛、疲劳等。

⑧ 认知改变：思维混乱、注意力不集中、判断力下降等。

⑨ 人际关系恶化：与家人、朋友或同学的关系变得紧张或疏远。

⑩ 精神恍惚：时常发呆、神情呆滞。

需要注意的是，个体如果有以上表现，意味着可能存在心理危机，但还需持续一段时间的观察,需要提高警惕,进行评估。大学生心理危机的发生有一个过程,这个过程有时长达数个月。如果识别到潜在的心理危机,并进行有效干预,就可以预防心理危机事件的发生。

（二）心理危机的预防

关爱生命,不仅要关爱自己的生命,还要关爱他人的生命。我们既要提升自身心理素质,同时,还要关注他人的心理健康,积极预防心理危机。

1. 提升心理素质,构建心灵防火墙

① 增强心理保健意识:认真学习心理健康知识,参加心理健康专题讲座,阅读有关心理健康教育的书籍等。

② 学会自我心理调适:通过多种方法进行自我调适,如调整认知结构、完善自我意识、调节情绪、锻炼意志品质、丰富人际交往、提高适应能力等。

③ 参加社会实践活动:积极参与各种社会文化交往和社会实践活动,在活动中获得亲身体验和感悟,从而提高心理素质。

④ 建立良好的人际关系:与他人保持良好的沟通和互动,学会理解、尊重和包容他人,提高人际交往能力。

⑤ 培养兴趣爱好:丰富自己的生活,缓解压力,提高心理调适能力。

⑥ 保持积极乐观的心态:学会正确看待挫折和困难,保持乐观的情绪,增强心理承受能力。

⑦ 寻求专业帮助:如果遇到心理问题或危机,可以寻求专业心理咨询机构或心理医生的帮助。

2. 自我救助,预防心理疾病

我们在人生的某个阶段可能产生心理问题,但这并不可怕,就像感冒、发烧一样,经过积极治疗,是可以好起来的。当感觉自我调节效果不太明显时,可求助专业的心理机构或去医院治疗。

3. 救助他人

当我们周边有心理问题的人求助时,我们应伸出援助之手,不歧视,不冷嘲热讽,要接纳、宽容,帮助他们走出困境。一句温暖的话语,一个小小的善举也许就能给他们力量与信心。当大学生发现无法帮助周边的人走出困境时,要鼓励他们到专业的机构去寻求帮助;当发现同学情绪或行为异常或者有自杀倾向时,要立即向辅导员、学院心理辅导站或学校心理咨询中心报告。

【拓展阅读】

科学巨人霍金

斯蒂芬·威廉·霍金,英国剑桥大学著名物理学家,是一位坐着轮椅与命运抗争的勇士。

21 岁时,这位牛津的天才少年就被诊断出患上了运动神经元病。他的身体会越来越不听使唤,最后就像一株墙角里的植物,只有心脏、肺和大脑还能运转,最后心和肺也会失效。

有一次,他坐着轮椅回柏林公寓,在过马路的时候,被汽车撞倒,头被划破,缝了 13 针,左臂骨折。在医院大约待了 48 小时,他又回到办公室继续工作。虽然,他的身体残疾加重,但他却努力像普通人一样生活,做力所能及的事情。即使在他完全无法移动身体之后,他仍然坚持用唯一可以活动的手指,挪动着轮椅,艰难地去办公室。尽管他一次次从轮椅上跌落,但是每一次他都顽强地重新"站"起来。1985 年,霍金在一次穿气管手术后完全失去了说话的能力。

但他依然完成了著名的《时间简史》,探索宇宙的起源,给人类留下了宝贵财富。

  这位20世纪最伟大的科学天才之一,已经击溃了一次次的死亡诊断。尽管他缩在轮椅里,脖子以下的身体完全不能活动,靠一台IBM(International Business Machines,国际商业机器)公司为他特制的机器,才能把喉咙里咕噜咕噜的声音,转换成只有他贴身的专职翻译才能听懂的英语,但他在黑洞和宇宙论的研究中获得重大成就。

不屈的尼克·胡哲

  尼克·胡哲于1982年12月4日生于澳大利亚墨尔本,出生时就没有四肢,只有左侧臀部以下的位置有一个带着两个脚趾的"小脚",在医学上称为"海豹肢症"。尽管身体残疾,但父母并没有放弃对他的教育。他立志与正常人一样坚强,在体育运动中,他能参加游泳、冲浪、骑马、足球、高尔夫球等。他获得了大学双学士学位,是企业总监,于2005年获得"杰出澳大利亚青年奖"。他创办了"没有四肢的生命"组织,向人们介绍自己不屈服于命运的经历。2010年,他出版个人自传《人生不设限》。

  人无完人,当遇到困难或挫折时,我们应该勇敢地直面压力,挑战命运,充实而有意义地过好每一天。

四、自我拯救

（一）自杀的行为征兆

  当一个人在同一时间内表现出以下情形时,可能说明自杀的危险性较大,主要有:反复玩破坏性的游戏或伤害自己的身体;无缘无故将自己珍贵的东西送给别人;多次声称活着没有意思,或希望自己死去;收集与自杀有关的方式并与人讨论;忽视自己的外表形象,持续厌倦,注意力不集中;突然发生性格变化,或反复地停止自己习惯性的行为;流露出绝望、无助,厌恶和怨恨自己与社会。

（二）自杀的原因

1. 成长经历

人际关系紧张、天灾人祸、家庭纠纷、成长环境不良、压力过重。

2. 社会环境

经济变动、社会竞争激烈、环境改变、季节、宗教、不可抗力因素。

3. 精神病理原因

抑郁症、精神分裂症(是已经危机化的心理问题,随时随地可能发生极端行为)。

4. 个人心理原因

性格扭曲、人际关系扭曲。

（三）自杀救助方法

① 保持冷静和耐心倾听。

② 引导对方倾诉自己内心的情绪感受。认可他表现出的情感,不试图说服他改变自己的感受,询问他是否想自杀或者对自杀的感受,如:"你是否感觉那样痛苦、绝望,以至于想结束自己的生命?"

③ 使用干预性语言。如"你有权利自杀,但你要对自己的行为负责""自杀是一个人遇到困难但还没找到解决办法时的一种想法""你遇到了什么困难,让你痛苦得想要自杀? 这些困

难是什么?"具体干预性语言见表 11-1。

表 11-1 干预性语言

不应该说	应该说的
时间能治愈一切	你一定会感到这痛苦永远无法忘记
在这种情况下应该想开点	这真是难以承受的痛苦
你深爱的人可以安息了	你深爱的人不再痛苦,但我知道你在遭受痛苦
你不会再承受这样的打击了	这对你来说一定很难面对
别哭了	哭吧,你尽情地哭吧
一切都会好起来的	请允许我做任何对你有帮助的事情
如果需要我做什么,请告诉我	告诉我你的电话,我会给你打电话,看能帮你什么忙
我了解你的感受	我无法想象你此刻的感受,我只想让你知道我是多么在乎你

参 考 文 献

[1] 雷雳.发展心理学[M].北京:中国人民大学出版社,2009.
[2] 樊富珉,费俊峰.大学生心理健康十六讲[M].北京:高等教育出版社,2013.
[3] 丁飞.大学生心理咨询工作的意义及方法途径探讨[J].安徽电子信息职业技术学院学报,2005,(1):16—17.
[4] 李朝旭.斯腾伯格的爱情三角形理论述评[J].广州师院学报(社会科学版),1996,17(3):54—59.
[5] 李鹤展,万崇华.当代大学生心理健康教育[M].长春:东北师范大学出版社,2012.
[6] 鲁忠义,安莉娟.大学生心理健康教育[M].北京:教育科学出版社,2015.
[7] 李芳.大学生生命观教育研究[M].北京:光明日报出版社,2013.
[8] 李焰,于文宏.压力管理实务[M].2版.北京:机械工业出版社,2012.
[9] 路杨.当代大学生生命教育[M].武汉:武汉大学出版社,2014.
[10] 彭聃龄.普通心理学[M].4版.北京:北京师范大学出版社,2012.
[11] 唐植文.当代大学生心理健康教程[M].长春:东北师范大学出版社,2010.
[12] 仇建宁.《积极心理学》视野下大学生心理健康教育的应对策略[J].品牌(理论月刊),2011,(Z2):121.
[13] 吴建玲.大学生心理健康与心理素质训练[M].广州:华南理工大学出版社,2007.
[14] 王倩.压力管理与心理调节[M].北京:中央广播电视大学出版社,2014.
[15] 王洪.上好挫折这一课:挫折是人生的一门必修课[M].北京:中国华侨出版社,2012.
[16] 许燕.人格心理学[M].北京:北京师范大学出版社,2009.
[17] 赵洪伟,董玫玫.大学生恋爱心理及性心理的调查与分析[J].辽宁教育研究,2006(4):93—95.
[18] 郑希付.心理咨询原理与方法[M].北京:人民教育出版社,2008.
[19] 张日升.咨询心理学[M].北京:人民教育出版社,1999.
[20] 张信容.发展性咨询——大学生心理咨询的主要模式[J].福州大学学报(哲学社会科学版),2011,25(1):61—64.
[21] 张亚林.神经症理论与实践[M].北京:人民卫生出版社,2000.
[22] 张旭东,车文博.挫折应对与大学生心理健康[M].北京:科学出版社,2005.
[23] 黄希庭,郑涌.大学生心理健康教育[M].3版.上海:华东师范大学出版社,2020.
[24] 汪小容.大学生心理健康和谐与发展[M].北京:北京理工大学出版社,2016.
[25] 孙小媛,禹玉兰,李鹤展.新编大学生心理健康教育[M].北京:中国社会出版社,2020.
[26] 刘嵋,刘岳.大学生心理健康教育[M].成都:电子科技大学出版社,2020.
[27] 徐隽,徐水,张潇.大学生心理健康教程[M].上海:上海交通大学出版社,2017.
[28] 曾本君.大学生心理健康教育[M].成都:电子科技大学出版社,2016.